GUÍAS VISUALES

EL PAIS AGUILAR

Izquierda **Las Palmas de noche** Derecha **Jardín Botánico Viera y Clavijo**

EL PAIS AGUILAR

Coordinación editorial:
Cristina Gómez de las Cortinas
Edición: El País-Aguilar
Traducción: Daniel Odevaine
Adaptación: Marta Olivares
Maquetación: Miguel Ángel Pascual

Cuarta edición, 2014

Título original: **Eyewitness Travel, Top 10 Gran Canaria**

Avenida de los Artesanos 6.
28760 Tres Cantos, Madrid
Tel. 91 744 90 60. Fax 91 744 90 93

ISBN: 978-84-03-51346-4

PRISA EDICIONES

Aguilar, Altea, Taurus, Alfaguara S. A.
Avda. Leandro N Alem, 720.
C1001AAP Buenos Aires
Aguilar, Altea, Taurus, Alfaguara S. A. de C. V.
Avda. Río Mixcoac 274 Colonia Acacias
03240 Benito Juárez
México D. F.

Impreso en China

FSC www.fsc.org
MIXTO
Papel procedente de fuentes responsables
FSC™ C018179

Contenidos

Gran Canaria Top 10

Izquierda **Agüimes** Derecha **Playa del Inglés**

Recorridos por Gran Canaria

Datos útiles

Izquierda **Paseo en dromedario** Derecha **La tortuosa carretera entre Ayacata y Artenara**

GRAN CANARIA TOP 10

GRAN CANARIA TOP 10

Lo esencial de Gran Canaria

Hay quien se refiere a Gran Canaria como "un continente en miniatura", y no sin razón. En sólo 1.500 km² se puede viajar desde la accidentada costa norte, a través de exuberantes bosques de laurisilva y volcanes extinguidos, hasta los emblemáticos picos centrales, que alcanzan los 2.000 m de altura, antes de descender de nuevo entre primigenios pinares hasta los profundos barrancos del sur y el oeste, que desembocan en un paisaje árido y en hermosas playas doradas. La fina arena y el clima cálido siempre han sido un imán para los turistas, pero existen muchas maneras de escapar de las multitudes en este mágico rincón atlántico.

1 Casa de Colón

Este evocador museo ilustra los épicos viajes de Cristóbal Colón. Está ubicado en la antigua residencia del gobernador (siglo XV), donde el explorador se alojó de camino al Nuevo Mundo *(ver pp. 8-9).*

2 Catedral de Santa Ana

Se alza orgullosa en el centro de Las Palmas y es un emblema de la ciudad desde que los españoles conquistaron la isla. Su construcción intermitente a lo largo de 400 años explica la mezcla de estilos, que la distingue como uno de los monumentos artísticos más relevantes de Gran Canaria *(ver pp. 10-11).*

3 Museo Canario

Hay poca información sobre los guanches, los primeros canarios, cuya cultura desapareció poco después de la conquista española. El Museo Canario permite formarse una idea de esta misteriosa civilización ancestral *(ver pp. 12-13).*

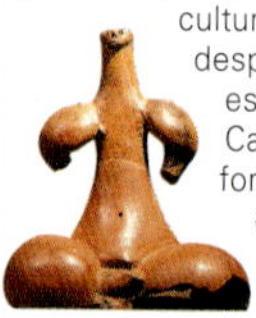

4 Jardín Botánico Viera y Clavijo

El jardín botánico más grande de España contiene especies endémicas y tropicales. Los lagartos gigantes toman el sol mientras los pájaros cantan en las ramas de los laureles y pinos *(ver pp. 14-17).*

Páginas anteriores **Vista del montañoso interior de la isla, con el Roque Bentayga a media distancia**

5 Maspalomas

Con sus dunas doradas, el centro turístico de Maspalomas es un enclave de pasmosa belleza, visitado por turistas y aves migratorias por igual *(ver pp. 18-19)*.

6 Teror

Esta tranquila localidad tiene una arquitectura exquisita y profundas raíces históricas. Se encuentra en un extraordinario entorno natural y es famosa por sus sabrosos chorizos *(ver pp. 20-23)*.

7 La Cumbre

Desde cualquier punto del macizo central se divisan las imponentes crestas y las extrañas formaciones rocosas de La Cumbre *(ver p. 24-25)*.

8 Caldera de Bandama

Este profundo cráter es un vestigio del origen volcánico de la isla. Está cerca de Las Palmas y ofrece fabulosas vistas *(ver pp. 26-27)*.

9 Barranco de Guayadeque

Este impresionante barranco está lleno de cuevas, habitadas por los guanches y por trogloditas modernos *(ver pp. 28-29)*.

10 Puerto de las Nieves

Mucha gente pasa por el puerto de las Nieves a diario de camino a Tenerife, pero este bello pueblo pesquero es un destino en sí mismo, un buen lugar para relajarse, ver los barcos y comer pescado *(ver pp. 30-31)*.

TOP 10 Casa de Colón, Las Palmas

Uno de los edificios más hermosos de la isla alberga un maravilloso museo dedicado al descubrimiento de América. En el siglo XV era la residencia del gobernador de la isla, aunque el aspecto del edificio ha cambiado bastante desde entonces. No existe certeza, pero es muy probable que Cristóbal Colón se alojase aquí en 1492, antes de embarcarse en busca de un camino más corto a las Indias y se topase con América.

Patio de la Casa de Colón

Cho Zacarias, en la calle de la Audiencia, ofrece buena cocina y tranquilidad.

Se recomienda visitar la ermita de San Antonio Abad, a 50 m del museo. Se dice que Colón rezó en ella antes de embarcarse.

- *Colón 1*
- *Plano M5*
- *928 31 23 73*
- *www.grancanariacultura.com*
- *Horario: 9.00-18.00 lu-vi, 10.00-19.00 sá, 10.00-15.00 do*
- *Visitas con guía previa petición*
- *Gratis*

Los Top 10

1. Réplica de la *Niña*
2. El Descubrimiento
3. Emigración canaria
4. Arte precolombino
5. Navegación antigua
6. Pintura de los siglos XVI al XX
7. Historia de Las Palmas
8. Maqueta y mapas de la isla
9. Techos y patios
10. Fachada

1 Réplica de la *Niña*

Se dice que era la preferida de Colón. En la reproducción de esta carabela del siglo XV *(abajo)* destaca el camarote principal, con una pintura y un crucifijo de la nave original.

2 El Descubrimiento

Esta sección documenta los cuatro viajes de Colón en mapas que reflejan su versión del mundo. Se muestra una reproducción de su diario abierta por la página donde narra su primera parada en Canarias, cuando desembarcó en Las Palmas y en La Gomera antes de cruzar el Atlántico hacia lo desconocido.

3 Emigración canaria

Una vez establecida la ruta transatlántica, muchos canarios emigraron al Nuevo Mundo. Varias pinturas y paneles relatan la historia del éxodo y de los negocios que prosperaron y fracasaron.

4 Arte precolombino

La cripta contiene notables reproducciones de piezas de alfarería mexicana y ecuatoriana desde el año 500 a.C. hasta el siglo X. La mayoría son ídolos y piezas decorativas.

Los domingos por la mañana se instala un mercado detrás del museo.

5 Navegación antigua

nteresantes mapas, atlas y un globo terráqueo del año del descubrimiento trazan las cambiantes percepciones del mundo, desde el sofisticado mapa de Tolomeo (siglo II) hasta los cálculos cada vez más certeros del siglo XVI.

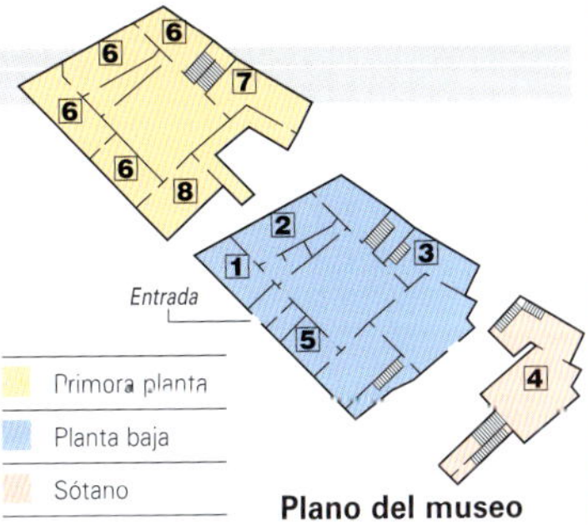

Plano del museo

6 Pintura de los siglos XVI al XX

El rápido recorrido a través de 500 años de arte empieza con obras religiosas, como la *Inmaculada Concepción* de Miranda *(arriba)*. La sala dedicada a los artistas canarios contiene coloridos paisajes del siglo XX y un cuadro del maestro local Néstor de la Torre.

7 Historia de Las Palmas

A los niños les encanta la maqueta interactiva de la ciudad en el siglo XVII. También hay una maqueta del castillo de la Luz *(abajo)* y otra del pueblo de Juan Rejón, de 1478.

8 Maqueta y mapas de la isla

Una maqueta en tres dimensiones muestra barrancos, cráteres, montañas y otros rasgos topográficos de la isla.

9 Techos y patios

Las reproducciones de los techos mudéjares son impresionantes; arriba se conservan algunos originales, tallados en madera oscura. El segundo patio tiene siglos de antigüedad.

10 Fachada

Si se mira el edificio desde las escaleras que lo rodean se ven detalles de la arquitectura antigua de Las Palmas: algunas partes de la fachada datan del siglo XVI. Sin embargo, el edificio actual guarda poco parecido con el original.

¿Un amor en las islas Canarias?

Algunos historiadores sugieren que Colón eligió la ruta canaria motivado por una razón más poderosa que los vientos y las corrientes favorables. Su decisión de recalar en La Gomera en vez de optar por un puerto más grande y mejor equipado alimentó el rumor de que fue a visitar a su amante, Beatriz de Bobadilla, miembro de la Corte española.

TOP 10 Catedral de Santa Ana, Las Palmas

Sus torres gemelas se elevan sobre el barrio de Vegueta y constituyen un elemento característico de Las Palmas. La construcción de la catedral empezó 14 años después de la conquista española de Gran Canaria, pero no dejó de ampliarse hasta el siglo XIX. El resultado es un microcosmos de la arquitectura canaria que aglutina elementos góticos, neoclásicos, renacentistas y de estilos locales. El edificio actual difiere mucho del original, pero no resulta difícil distinguir lo que queda de la estructura del siglo XV.

Fachada neoclásica de la catedral

En la cercana calle de Mendizábal hay varios cafés y bares agradables.

A la catedral se entra por el Museo Diocesano de Arte Sacro, en la calle del Espíritu Santo. Se ofician tres misas de lunes a viernes a las 8.30, 9.15 y 19.00, y cuatro los sábados y domingos 10.00, 12.00, 13.00 y 19.00.

- *Obispo Codina, 13*
- *Plano M5*
- *928 31 49 89*
- *Museo Diocesano de Arte Sacro: Espíritu Santo 20. Horario: 10.00-16.30 lu-vi, 10.00-13.30 sá. Entrada: 3 €*

Los Top 10

1. Museo Diocesano de Arte Sacro
2. Mirador
3. Fachada
4. Capillas
5. Techo
6. Patio de los Naranjos
7. Esculturas
8. Pinturas
9. Tumbas
10. Plaza y estatuas

1 Museo Diocesano de Arte Sacro

El museo de arte religioso contiguo a la catedral expone esculturas, pinturas y tallas de madera *(abajo)* que se remontan al siglo XVI. Preside la sala del capellán un importante crucifijo esculpido por Luján Pérez en 1791. En Semana Santa, la imagen se lleva en procesión por la ciudad.

2 Mirador

Un ascensor sube hasta el campanario de la catedral, desde donde se disfruta de bellas vistas del casco antiguo, el barrio comercial y el puerto *(derecha)*. Un ameno documental resume la historia de Las Palmas.

3 Fachada

La fachada neoclásica se añadió en el siglo XIX siguiendo la estructura de la fachada gótica original. Desde dentro se aprecia la juntura.

4 Capillas

Se puede contemplar el cuerpo incorrupto del obispo Buenaventura Codina en la capilla de los Dolores. Entre las otras 10 capillas destaca la de San Fernando, con el único retablo barroco de la catedral *(izquierda)*.

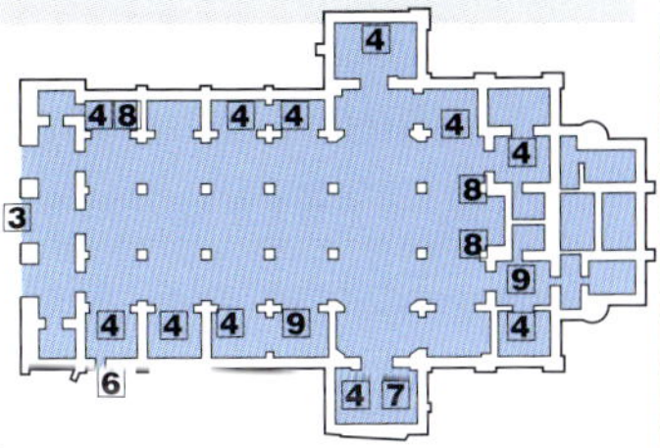

Plano de la catedral

5 Techo

Merece la pena admirar el intrincado techo gótico. Sobre el altar, las estatuas de los apóstoles presiden la nave.

6 Patio de los Naranjos

Por la Puerta del Aire se entra a este frondoso patio del siglo XVII, que une la catedral con el museo. Es de estilo típico canario y está rodeado de balcones de madera tallada.

7 Esculturas

La escultura más significativa de la catedral es *Nuestra Señora de los Dolores (derecha)*, obra maestra de Luján Pérez alojada en la capilla del mismo nombre; acompaña a la figura de Cristo en las procesiones de Semana Santa. También destacan los púlpitos barrocos y la imagen de Santa Ana del siglo XX que guarda el altar.

8 Pinturas

Obras del maestro canario Juan de Miranda flanquean el altar. El elegante lienzo de Juan de Roelas, ubicado en la capilla de Santa Catalina, es típico de la escuela sevillana del siglo XVII.

9 Tumbas

Miguel de la Torre realizó en 1928 la grandiosa tumba del político local Fernando de León y Castillo, en la capilla de Santa Teresa. El historiador y naturalista José de Viera y Clavijo, arcediano de Fuerteventura, tiene una tumba más modesta en la capilla de San José.

10 Plaza y estatuas

Ocho estatuas guardan la catedral y la plaza donde se encuentra. Son perros como los que, se supone, dan nombre a las islas Canarias. En torno a la plaza se alzan otros edificios importantes, como el Palacio Episcopal y el ayuntamiento antiguo.

José Luján Pérez

Nació en Santa María de Guía en 1756 y fue uno de los escultores religiosos más prolíficos y respetados de su tiempo. Alabado por su habilidad para crear figuras proporcionadas, centró su interés en Cristo y la Virgen María. Hay esculturas de Luján Pérez en muchas iglesias de la isla, aunque sus mejores obras se hallan en los principales lugares de culto: la catedral y la basílica de Nuestra Señora del Pino, en Teror *(ver pp. 22-23)*.

TOP 10 Museo Canario, Las Palmas

La historia antigua canaria es un tema misterioso y fascinante, que se trata a fondo en este excelente museo. La colección documenta las teorías más plausibles acerca de los orígenes y costumbres de los guanches, y permite al visitante sacar sus propias conclusiones. Casi todos los objetos han sido descubiertos en Gran Canaria, pero también hay información sobre las culturas arcaicas de las otras islas.

Fachada del Museo Canario

La tienda se encuentra a la derecha, justo antes de entrar en el museo. En ella se vende artesanía, libros y recuerdos.

Para aquellos que deseen profundizar en la historia canaria, el museo tiene una biblioteca excelente. Contiene casi todo lo publicado en y sobre las islas Canarias, además de una extensa hemeroteca, que se remonta hasta 1879.

- *C/Dr Verneau 2*
- *Plano L5*
- *928 33 68 00*
- *www.elmuseo canario.com*
- *Horario: 10.00-20.00 lu-vi, 10.00-14.00 sá y do*
- *Entrada: 4 € (reducida 2,40 €; menores de 12 años gratis)*

Los Top 10

1. Viviendas
2. Pintaderas
3. Réplica de la cueva Pintada
4. Momias
5. Cerámica aborigen
6. Ritos funerarios y medicina
7. Calaveras y huesos
8. Agricultura y ganadería
9. Magia y religión
10. Alfarería tradicional

1 Viviendas

A los españoles les impresionó encontrar trogloditas viviendo en cuevas artificiales y casas de piedra al lado de comunidades más evolucionadas. Fascinantes fotos y maquetas *(arriba)* ilustran ambos tipos de viviendas.

2 Pintaderas

Aún no se conoce el propósito de estos pequeños sellos de cerámica *(abajo)*. Los guanches los usaban para adornarse la piel y marcar los graneros. Se puede elegir el que más guste y comprar un collar con una reproducción en la tienda del museo.

3 Réplica de la cueva Pintada

La original se encuentra en Gáldar, pero se puede ver arte guanche en el museo. Los motivos geométricos en colores negro, blanco y rojo *(arriba)* son los mejores ejemplos de arte rupestre en las islas Canarias. La reproducción es casi perfecta.

La palabra guanche se utilizaba para referirse a los primeros habitantes de Tenerife.

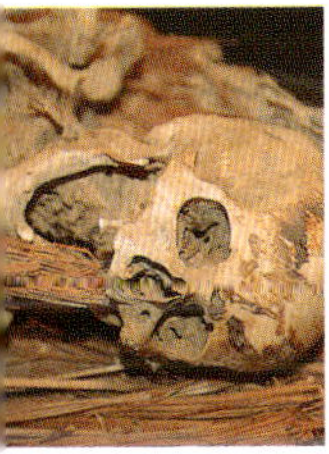

4 Momias

Algunas teorías vinculan a los guanches con los egipcios por sus similares métodos de momificación. Los arqueólogos siguen descubriendo objetos por todo el archipiélago, pero las tumbas fueron saqueadas hace mucho tiempo y sus contenidos se vendieron al museo, donde se muestran varias momias.

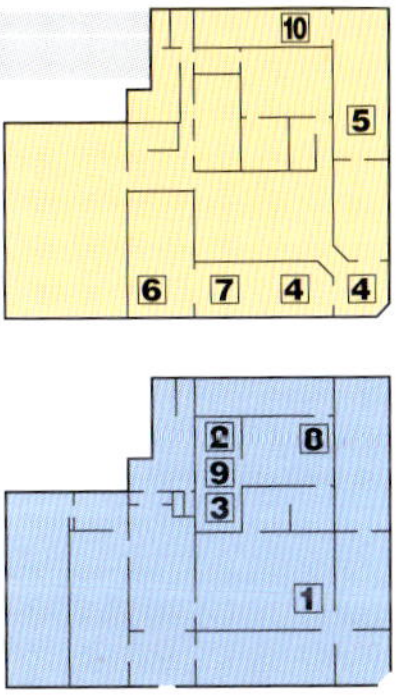

Plano del museo

▪	Primera planta
▪	Planta baja

5 Cerámica aborigen

La exposición isla por isla de cerámica aborigen también incluye primitivas herramientas de ceramista.

6 Ritos funerarios y medicina

La momificación estaba reservada para las clases altas. También se construían tumbas de piedra y tambaleantes ataúdes de madera. Las calaveras perforadas demuestran que se practicaba la trepanación craneal para aliviar el dolor.

7 Calaveras y huesos

Cientos de calaveras sonrientes cubren los muros de esta sala *(arriba)*. Existe un encendido debate acerca de si los restos son del hombre de cromañón.

8 Agricultura y ganadería

Las básicas herramientas de la colección evidencian la dura vida de los pastores guanches.

9 Magia y religión

Los cronistas de la conquista dejaron escrito que los guanches eran monoteístas, pero el hallazgo de varios ídolos sugiere que no estaban en lo cierto. La mayoría de las figuras halladas en la isla tiene forma femenina; la mayor de ellas, el ídolo de Tara *(abajo)*, es hoy un símbolo del orgullo isleño.

10 Alfarería tradicional

La tradición de la alfarería sin torno pervive en Gran Canaria. En el museo se puede ver algunos ejemplos y averiguar dónde adquirir una pieza guanche casi genuina.

Canarios, perros y bereberes

Los habitantes primitivos llamaban a la isla Tamarán. Los primeros conquistadores la dividieron en dos cantones, cada uno gobernado por un *guanarteme* (jefe). La isla es conocida como Canaria desde hace al menos 2.000 años, aunque no se sabe si el nombre proviene de los perros (canes), los pájaros o los canarii, tribu bereber que pudo habitar en la isla.

TOP 10 Jardín Botánico Viera y Clavijo

Este es el jardín botánico más extenso de España. Está en el barranco de Guiniguada, a 7 km de Las Palmas. Sus escarpados senderos están flanqueados por flora macronesia endémica e importada. Es un buen lugar para pasear, un refugio del bullicio de la capital. Aunque está bonito todo el año, los mejores meses para visitarlo son enero y febrero, después de que las lluvias invernales obren su magia.

Cactus del jardín Botánico Viera y Clavijo

Si el excelente restaurante del jardín ***(ver p. 60)*** **resulta demasiado caro, hay algunos más baratos cerca de la entrada inferior.**

El jardín tiene dos entradas, una en la GC-310 (entrada inferior) y otra en la GC-110 (entrada superior). La inferior es más adecuada para los visitantes discapacitados: aunque gran parte del jardín no es accesible, la sección inferior no tiene escalones.

- *GC310 y GC110*
- *Mapa E2*
- *928 21 95 80*
- *www.jardincanario.org*
- *Horario: 8.00-18.00 todos los días*
- *Gratis*
- *Acceso para discapacitados limitado (entrada GC-310)*
- *Centro de exposiciones: 18.00-14.30 lu-vi*

Los Top 10

1. Plaza de Viera y Clavijo
2. Bosque de laurisilva
3. Bosque de pinos
4. Jardín de las Islas
5. Cactus y suculentas
6. Puente de piedra
7. El Alpendre
8. Centro de exposiciones
9. Fuente de los Sabios
10. Plaza de Matías Vega

1 Plaza de Viera y Clavijo

Lo primero que se encuentran quienes optan por la entrada superior es esta pequeña plaza, presidida por un busto del siglo XVIII del historiador y naturalista José de Viera y Clavijo. Las vistas del jardín *(abajo)* ofrecen un avance de lo que aguarda al visitante.

2 Bosque de laurisilva

Hasta la última glaciación, gran parte de Europa estaba cubierta de bosques de laurisilva; los únicos ejemplos que se conservan están en los archipiélagos de Canarias y Madeira, que conforman la llamada Macronesia. En una pequeña sección del jardín se plantó laurisilva en 1954.

3 Bosque de pinos

Quien no tenga tiempo para visitar un bosque de pino canario autóctono puede respirar su fresco aroma aquí. En primavera florecen los amagantes y las crestas de gallo.

4 Jardín de las Islas

Ofrece una visión de conjunto de la flora de las siete islas Canarias. Las plantas se agrupan por islas de origen *(abajo)*.

Se puede comprar productos derivados del aloe vera en el quiosco de la plaza de Matías Vega (10.00-14.00, 15.00-18.00 lu-vi).

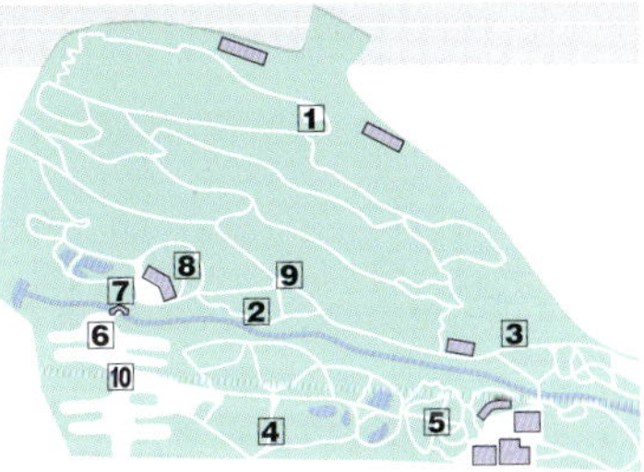

Plano del jardín

5 Cactus y suculentas

La sección inferior del jardín alberga una impresionante variedad de cactus, tanto autóctonos como introducidos. También hay unas 2.000 especies de suculentas, lo que representa casi un tercio de todas las plantas de este tipo conocidas en el mundo.

6 Puente de piedra

La transitada calle que separa los barrios de Vegueta y Triana, en Las Palmas, discurre por lo que fue un exuberante barranco, el mismo que atraviesa el jardín. El puente que lo cruza *(arriba)* es una reproducción del que unía en el pasado las dos vecindades más antiguas de la ciudad.

7 El Alpendre

Este cobertizo de piedra de estilo tradicional canario es anterior al jardín. Se restauró en 1989 y alberga un trillo, un silo, un arado y otras herramientas agrícolas.

9 Fuente de los Sabios

Este monumento de basalto *(arriba)* rinde homenaje a los botánicos locales. En un panel están los nombres de varias especies vegetales y de sus descubridores.

8 Centro de exposiciones

Quien desee ampliar conocimientos sobre la flora canaria puede acudir al pequeño centro de exposiciones, que ofrece información de los hábitats hallados en el archipiélago. Además de los paneles informativos hay documentos audiovisuales y exposiciones interactivas.

10 Plaza de Matías Vega

Se encuentra junto a la entrada inferior y está rodeada de palmeras canarias *(Phoenix canariensis)*, una de las plantas más emblemáticas del archipiélago. En La Gomera, la savia de esta palmera se usa para elaborar un tipo de miel.

Raíces y ramas

El botánico sueco Eric Sventenius trazó el jardín en 1952, con el fin de crear un espacio donde la gente pudiera ver plantas de todas las islas Canarias sin necesidad de coger un barco. Tras la muerte de Sventenius, en 1972, tomó las riendas el naturalista británico David Bramwell, quien desarrolló el jardín como centro de investigación y parque público. Hoy tiene fama mundial como centro de conservación e investigación, que lidera importantes estudios sobre la singular flora canaria.

Izquierda **Pino canario** Centro **Tajinaste** Derecha **Bicácaro**

TOP 10 Plantas de Gran Canaria

1 Drago de Gran Canaria

El *Dracaena tamaranae,* subespecie del legendario drago, se descubrió en la isla en 1972. Con sólo 20 ejemplares conocidos, es uno de los árboles más raros del mundo. A pesar de sus hojas más finas y puntiagudas, se parece mucho al drago común y también tiene la famosa savia roja conocida como sangre de dragón.

2 Cresta de gallo

Poder ver estas plantas endémicas con flores de color rojo vivo o cobrizo *(Isoplexis chalcantha* o *Isoplexis isabelliana)* es un placer, ya que son muy poco comunes. En la isla hay dos variedades de cresta de gallo: una vive en las tierras altas y en los pinares, y la otra lucha por sobrevivir en los reducidos bosques de laurisilva.

3 Cardón

Esta planta de aspecto cactáceo *(Euphorbia canariensis)* está muy extendida por la isla, pero no por ello resulta menos impresionante. Parece un candelabro gigante y prefiere las zonas áridas, como campos de lava y acantilados rocosos. Su lechosa savia es venenosa.

Datileras canarias

4 Tajinaste

Las flores cónicas de esta planta son todo un espectáculo. El tajinaste de Gran Canaria *(Echium decaisnei)* es muy abundante, pero la variedad de Tenteniguada *(Echium callithyrsum),* de intenso color azul, sólo crece en las tierras altas del norte de la isla.

5 Corona de la reina

Muy querida por los jardineros de todo el mundo, esta planta con flores blancas y amarillas parecidas a las margaritas es autóctona de Gran Canaria. Abunda en las tierras bajas del interior, aunque también se ve en las áreas montañosas.

6 Bicácaro

Es probable ver esta planta con bellas flores naranjas *(Canarina canariensis)* en el bosque de laurisilva de Los Tilos de Moya, en el norte de la isla.

7 Datilera canaria

Esta palmera *(Phoenix canariensis)* se encuentra sólo en Canarias y está presente en las siete islas. De hecho, es el emblema botánico oficial de Canarias. Crece en los valles bajos y cálidos. Además de prestar atractivo al paisaje, es una valiosa materia prima para la construcción, la artesanía y la industria alimentaria.

Se cuenta que el primer drago nació en el lugar donde Hércules mató al dragón Ladón; de ahí su condición legendaria.

8 **Pino canario**
Los bosques de pinos de Gran Canaria, reliquia de la flora mediterránea del periodo terciario, están entre los mejores del archipiélago. El *Pinus canariensis* crece en alturas superiores a 600 m y es autóctono de Canarias. Su madera se ha venido utilizando en construcción gracias a su resistencia.

9 **Siempreviva canaria**
Los amantes de los retos pueden buscar esta elegante planta *(Limonium sventenii)*, exclusiva de Gran Canaria. Puede alcanzar 1 m de altura y se corona de racimos de flores azules o violetas brillantes. Suele prosperar en los acantilados del noroeste y en las áreas montañosas.

10 **Siempreviva**
Esta planta, muy popular entre los jardineros de cualquier país del mundo, se la puede considerar como un motivo canario. Sus atractivas hojas en forma de rosetón sobresalen en muchas paredes rocosas de la isla. Entre las variedades más llamativas figuran la *Aeonium manriqueorum* y la *Aeonium percarneum*, ambas con atractivas floraciones.

10 plantas exóticas

1. Jacarandá
2. Boca de mermelada
3. Aloe vera
4. Hierba muda de Jinámar
5. Yuca
6. Petrea
7. *Parolinia Glabriuscula*
8. Poinsetia
9. Estrilicia
10. Coco plumoso

El mundo perdido de la flora canaria

Incluso a los viajeros con más mundo les impresionará la riqueza de la flora canaria. La diversidad es excepcional: más de 500 especies autóctonas, muchas de las cuales provienen del periodo glacial. Plantas ya extinguidas en otros lugares siguen prosperando aquí; algunas incluso tienen aspecto prehistórico. Junto a plantas canarias y macronesias crecen especies importadas. En poco más de una hora se pasa de la árida costa a los pinares de las áreas montañosas, a través de brumosos bosques de laurisilva.

Esterlicia
Esta planta de 1 m de altura, también conocida como Pájaro del Paraíso, crece en climas tropicales. Sus espléndidas flores tienen hojas de vivos colores naranjas y azules.

Drago

El mejor momento para ver la flora canaria es entre abril y mayo.

TOP 10 Maspalomas

Maspalomas es conocido por sus magníficas dunas, que constituyen una reserva natural protegida. Parte del territorio original fue destruido por el frenesí constructor de los años sesenta y setenta del pasado siglo; entonces se perdieron muchas especies animales y vegetales, aunque se trabaja para reintroducirlas. Hoy es uno de los centros turísticos más grandes de las islas Canarias, pero todavía cuenta con rincones alejados de las multitudes.

Faro de Maspalomas, del siglo XIX

Los chiringuitos de la playa ofrecen bocadillos y bebidas frías. Un buen plan consiste en comprar comida e improvisar un almuerzo en un banco cerca de la laguna, donde se puede observar a las aves.

Se recomienda pasear por las dunas a primera hora de la mañana o a última de la tarde para evitar quemarse los pies.

- *Mapa D6*
- *Centro de información: 8.00-14.30 lu-vi, 928 765 242*
- *Entrada campo de golf: verano 60 €, invierno 105 €*
- *Paseos en dromedario: 9.00-16.00 todos los días. Adultos 12 €, niños 8 €. Camello Safari Dunas, 928 76 07 81; Camel Safari Park La Baranda, 928 79 86 80*

Los Top 10

1. Dunas
2. Centro de información
3. Playa de Maspalomas
4. Laguna y palmeral
5. Observación de aves
6. Faro
7. Campo de golf
8. Paseos en dromedario
9. Mirador
10. Zona turística

1 Dunas

En contra de lo que se cree, las 400 hectáreas de arena no proceden del desierto del Sáhara, sino del océano. Mientras una gran parte de la arena está en constante movimiento, hay una sección estable que alberga una gran variedad de flora y fauna. Es preciso ceñirse a las rutas macadas para proteger el ecosistema.

2 Centro de información

Este pequeño centro ofrece información sobre los orígenes de las dunas, la fauna y flora de la reserva, los esfuerzos de conservación y los problemas medioambientales. También se puede contratar una visita con guía.

3 Playa de Maspalomas

Es la mejor *(abajo)*. Las familias prefieren las aguas calmadas aledañas al faro. Los nudistas se concentran cerca de la Playa del Inglés.

4 Laguna y palmeral

Quedan pocas palmeras y datileras del palmeral original, destruido por las construcciones. En las turbias aguas de la laguna nadan mújoles, lebistes y besugos.

La zona de las dunas es muy popular entre los homosexuales.

5 **Observación de aves**
Además de las aves residentes, muchas especies migratorias hacen escala en Maspalomas. En primavera y otoño se puede ver bandadas de martín pescador, garza, zarapito y garceta, y nidadas de cernícalo, chorlito y polla de agua. Entre las especies menos comunes destacan el águila pescadora, el corredor sahariano y el ánade gris, en peligro de extinción.

6 **Faro**
Se alza en una plaza con palmeras y es uno de los elementos más llamativos de la isla. Mide 55 m y lo construyó el ingeniero local Juan de León y Castillo a finales del siglo XIX.

7 **Campo de golf**
El inmejorable clima y las vistas de las dunas y el océano hacen especial al campo de golf de Maspalomas *(arriba)*. No es necesario ser socio para jugar.

8 **Paseos en dromedario**
A lomos de un dromedario sí que da la sensación de estar en el desierto. Se parte del lado este del barranco, al norte de la laguna. Los recorridos de media hora pasan por zonas llenas de margaritas y tamariscos. Además, es la mejor manera de ver las dunas sin quemarse los pies.

9 **Mirador**
Desde el mirador cercano al centro de información se obtienen las mejores instantáneas de Maspalomas. También es el punto de partida de las rutas a través de las dunas.

10 **Zona turística**
Maspalomas es más conocido como centro turístico, muy popular entre los europeos del norte. Fue víctima del *boom* de la construcción, pero es bastante más exclusivo que la poblada y bulliciosa localidad vecina de Playa del Inglés.

Conservación sí, construcción no

Las autoridades intentan reparar los estragos de la construcción masiva mediante planes para reintroducir especies de plantas y animales que eran comunes en la zona. No hace mucho, la prioridad era aprovecharse de las dunas a toda costa, incluso si ello requería aprobar proyectos que dañaran sin remisión el frágil ecosistema. La demolición de un hotel a medio construir en 1989 fue un punto de inflexión en la lucha por salvar el paisaje más singular de Gran Canaria de la destrucción total.

TOP 10 Teror

Se puede decir que es obligatorio visitar Teror, no sólo por su exquisita arquitectura canaria, sino también por su relevancia histórica y religiosa. Es parroquia independiente desde 1514 y una de las localidades más antiguas de la isla. Su vinculación con el catolicismo proviene de la aparición de la Virgen María bajo un pino, en un bosque cercano. La Virgen del Pino se convirtió con el tiempo en patrona de la isla y muchos peregrinos le rinden homenaje. El maravilloso centro urbano entró a formar parte del Patrimonio Nacional en 1979.

Calle Real de la Plaza, Teror

El popular Rincón de Magüi (Diputación 6) ofrece buena cocina canaria.

Detrás de la basílica hay una excelente oficina de turismo.

- *Mapa D2*
- *Oficina de información turística: 9.00-16.30 lu-vi*
- *Basílica de Nuestra Señora del Pino: 13.00-20.00 lu, 9.00-13.00, 15.00-20.00 ma-vi, 9.00-20.30 sá, 7.00-19.30 do*
- *Casa Museo de los Patronos de la Virgen: plaza de Nuestra Señora del Pino. Horario: 11.00-16.00 lu-vi, 10.00-14.00 sá-do. Entrada: 3 €. Sólo la planta baja es accesible para discapacitados*
- *Mercado: 9.00-15.00 do*
- *Convento cisterciense: Obispo Pozuelo. Horario: 10.00-13.00, 16.00-18.00 todos los días (sólo para venta de dulces)*
- *Finca de Osorio: GC-43, unos 2 km desde Teror, 928 63 00 90. Horario: 9.00-17.00 todos los días; sólo previa cita. Gratis*

Los Top 10

1. Basílica de Nuestra Señora del Pino
2. Casa de los Patronos de la Virgen
3. Calle Real de la Plaza
4. Fiesta de la Virgen del Pino
5. Mercado
6. Convento cisterciense
7. Finca de Osorio
8. Chorizo de Teror
9. Casa de la Cultura
10. Plaza de Teresa de Bolívar

1 Basílica de Nuestra Señora del Pino

Esta iglesia está considerada el edificio religioso más significativo de Gran Canaria *(arriba)*.

2 Casa de los Patronos de la Virgen

El principal museo de Teror permite hacerse una idea de cómo vivía la aristocracia canaria en el pasado. Las exquisitas habitaciones *(derecha)* y una pequeña capilla se disponen en torno al patio, con una llamativa fuente italiana. Persiste un ambiente tan austero como genuino.

3 Calle Real de la Plaza

A quienes aprecien la arquitectura canaria les encantará esta tranquila calle, con sus balcones de madera y sus tejados de tejas rojas.

4 Fiesta de la Virgen del Pino

Cada 8 de septiembre, Teror pasa del habitual sosiego al bullicio. Llegan peregrinos de toda la isla para unirse a las celebraciones en honor a la santa patrona *(arriba)*.

Basílica de Nuestra Señora del Pino **ver pp. 22-23**

5 Mercado

El mercado más antiguo de Gran Canaria ofrece una curiosa mezcla de alimentos tradicionales, baratijas y objetos religiosos. Los puestos se instalan los domingos detrás de la basílica y animan la tranquila vida de Teror.

6 Convento cisterciense

Las monjas venden dulces caseros. Sólo hay que llamar al timbre y un plato giratorio muestra los productos disponibles; el cliente debe hacer su pedido y dejar el dinero en el plato, que volverá a girar con los dulces y el cambio.

7 Finca de Osorio

Esta finca, situada en el Parque Rural de Doramas, contiene plantas únicas, como el bello bicácaro, y animales como la musaraña y la lechuza. Las vistas del pico Osorio son muy bellas.

8 Chorizo de Teror

Los amantes del ajo adorarán el sabroso chorizo local *(arriba)*. Se vende en todos los bares y restaurantes de la población y en el mercado dominical.

9 Casa de la Cultura (Palacio Episcopal)

Este magnífico edificio *(abajo)* todavía es la residencia episcopal, pero la mayor parte acoge exposiciones temporales de artistas locales. De hecho, fueron los ciudadanos quienes regalaron el edificio a los obispos canarios en el siglo XVIII para agradecer su apoyo en la construcción de la basílica.

10 Plaza de Teresa de Bolívar

Esta plaza *(arriba)*, construida en 1953 para disponer de más espacio para la fiesta de la Virgen del Pino, está dedicada a la esposa del revolucionario americano Simón Bolívar, cuya familia era natural de Teror. El blasón familiar preside la plaza.

El corazón verde de Gran Canaria

Aunque es más conocido por su arquitectura, Teror también cuenta con zonas de gran belleza natural, que han merecido el sobrenombre de "corazón verde de Gran Canaria". Gracias a las frecuentes lluvias invernales, el área ostenta exuberantes gargantas, palmerales y un bosque de laurisilva. Por encima de la localidad, la caldera de Pino Santo y sus alrededores han sido declarados paisaje protegido por su indiscutible belleza natural.

Izquierda **Vidriera** Centro **Fachada de la basílica** Derecha ***Cristo de la Columna***

TOP 10 Basílica de Nuestra Señora del Pino

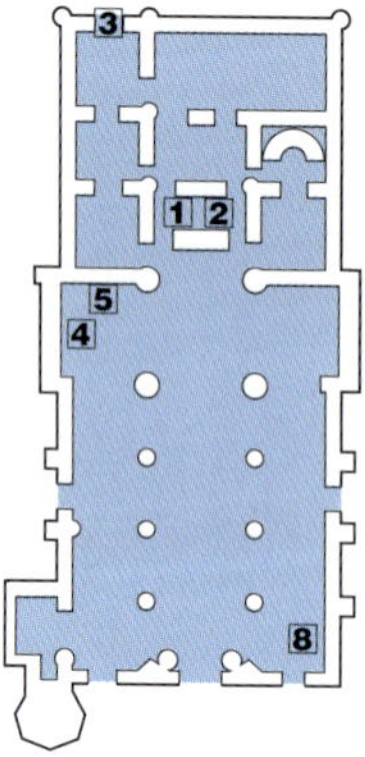

1 Nuestra Señora del Pino

Durante cientos de años, los fieles han bordado los vistosos mantos que cubren a la Virgen. Bajo las vestiduras hay una escultura gótica de madera de finales del siglo XIV o principios del XV. El robo en 1975 de algunas piedras preciosas de su corona todavía es un asunto delicado en el lugar. Para ver de cerca la imagen hay que entrar por el camarín de la basílica.

2 Retablo mayor

Nicolás Jacinto lo esculpió en madera oscura y está considerado el mejor ejemplo de arte rococó en la isla. De hecho, eclipsa a los demás retablos. Está coronado por un trono de la Virgen de plata; la sección inferior incorpora un glorioso frontispicio, también de plata.

3 Sala del tesoro

Aquí es donde mejor se puede comprender la importancia que tiene la Virgen para los isleños. La sala contiene una sorprendente colección de ofrendas de los fieles, que incluye trofeos y medallas, billetes y monedas de todo el mundo y un montón de objetos futbolísticos firmados por equipos canarios. En una sala contigua se hallan las vestiduras de la Virgen, algunas de las cuales datan del siglo XVIII; cada año, durante la fiesta de la Virgen del Pino, luce un manto diferente.

4 *Cristo de la Columna*

La protagonista de las procesiones de Semana Santa en Teror es esta figura de Cristo atormentado, esculpida por Luján Pérez en 1793 y considerada una de sus mejores obras. Cristo está flanqueado por las estatuas de san Miguel y la Resurrección, también del siglo XVIII.

El Crucificado

5 *El Crucificado*

Esta imagen de Cristo en la Cruz también es obra de Luján Pérez. Data de 1790 y está entre sus mejores esculturas.

6 Otras esculturas

Entre las esculturas más notables de la basílica destacan una maravillosa imagen de san Mateo asiendo un crucifijo y una vistosa figura chapada en oro de san Ramón Nonato. La escultura más reciente es *El Sagrado Corazón de Jesús,* de principios del siglo XX.

El número de teléfono de la basílica es 928 61 34 28. *Horarios* **ver p. 20**

7 Vidrieras policromadas

Una de las mejores vidrieras representa una imagen del papa Pío X de 1914, cuando la Virgen del Pino se convirtió en patrona de Gran Canaria. Esta vidriera se halla en la fachada principal, junto a una impresionante imagen del papa Pío XII que conmemora su visita a la basílica.

8 Altar de las Almas

El altar menos vistoso de la iglesia es quizá el más conmovedor, con sus envejecidas pinturas de las almas languideciendo en el Purgatorio.

9 Edificio

Queda poco de las iglesias originales. La torre octogonal estaba incluida en la estructura del siglo XVII, aunque la actual es una réplica de 1767.

10 Vestigios

Se conservan dos vestigios de las estructuras previas de la basílica: una gran pila bautismal de la primera capilla (siglo XVI), ahora en el camarín, y una cruz tallada con madera del árbol donde apareció la Virgen, en la sala del tesoro.

Las 10 ofrendas a la Virgen más curiosas

1. Balón de fútbol firmado por la U.D. Las Palmas
2. Reloj averiado
3. Billete inglés con una petición de ayuda
4. Coche de juguete
5. Trofeos deportivos
6. Certificados académicos
7. Osito de peluche
8. Figurillas de recuerdo
9. Poemas dedicados
10. Medallas militares

La imagen más venerada

El 8 de septiembre de 1481, la Virgen apareció ante Juan Frías, obispo de Gran Canaria, en las ramas de un pino; jamás se habría imaginado la veneración que concitaría aquella imagen. Se colocó una estatua de la Virgen en una pequeña iglesia del centro de Teror: desde entonces se venera a Nuestra Señora del Pino. La iglesia original fue sustituida en dos ocasiones y luego se amplió hasta convertirse en el edificio actual. Es un importante lugar de peregrinación y cada año se celebra una fiesta de dos días que combina devoción religiosa y diversión terrenal. La celebración culmina con una procesión la tarde del 8 de septiembre, en la que los fieles ofrecen productos frescos a la patrona.

Nuestra Señora del Pino

Horario del camarín (acceso a la sala del tesoro y a la imagen de la Virgen): 13.00-15.00 todos los días.

TOP 10 La Cumbre

La Cumbre es el corazón montañoso de la isla. Está lejos de la tópica imagen de sol y playa de las islas Canarias: los picos más altos de Gran Canaria suelen estar envueltos en bruma y la nieve no es rara en invierno. Los dos roques más llamativos, el Nublo y el Bentayga, eran lugares sagrados para los guanches. La zona está poco poblada y conserva las tradiciones con más celo que otras partes de la isla. Es un buen lugar para disfrutar de las vistas, comer bien y ver vestigios aborígenes.

Vista desde el mirador de la Degollada de Becerra

Se puede hacer un almuerzo campestre en cualquiera de las zonas habilitadas por el Cabildo. Las mejores son los Llanos de la Pez y los Llanos de Ana López, ambas en la GC-600. También se puede acampar con permiso.

- *Mapa C3, D3*

Los Top 10

1. Roque Nublo
2. Roque Bentayga
3. Cuevas del Rey
4. El Fraile y la Rana
5. Tejeda
6. Pico de las Nieves
7. Mirador Degollada de Becerra
8. Artenara
9. Cruz de Tejeda
10. Senderismo y escalada

1 Roque Nublo

La roca más famosa de las islas Canarias *(derecha)* forma parte de una chimenea volcánica. Se ve desde cualquier enclave del interior y se llega por un evidente sendero desde la carretera.

2 Roque Bentayga

Transpórtese a la edad de piedra recorriendo este enclave prehistórico *(arriba)*. Probablemente aquí se realizaban ofrendas y sacrificios.

3 Cuevas del Rey

Nadie sabe si estas cuevas *(derecha)*, excavadas por el hombre en la cara oeste del Roque Bentayga, fueron morada de algún rey. Esta cueva es ahora conocida como cueva del Guayre.

4 El Fraile y la Rana

Con un poco de imaginación, dos de los roques vecinos del Nublo pueden ser algo más que formaciones rocosas. Desde la GC-60, cerca de Ayacata, se ve un enorme *fraile rezando*. Convertir el monolito más cercano al Roque Nublo en una *rana* requiere un poco más de fantasía.

Mapa de La Cumbre

5 Tejeda

Los golosos pueden probar los tradicio-
ales dulces de almendras y los amantes de
. cultura pueden ver escultura local en el
Auseo Abraham Cárdenes. En febrero se
elebra el florecimiento de los almendros.

6 Pico de las Nieves

Una estación de radio militar estropea la visión de este pico de 1.949 m, pero los días despejados el bello panorama abarca desde las montañas centrales hasta la costa.

7 Mirador Degollada de Becerra

s difícil superar las vistas
esde este mirador: se ve
l Roque Nublo, el Roque
Betayga y, los días
lespejados, el
nonte más alto
le España, el
eide.

8 Cruz de Tejeda

odas las carre-
eras llevan a
sta gran cruz
le piedra, que se alza
n el centro de la isla.
Se puede pasear en burro;
ay un museo de taxi-
lermia y dos excelentes
estaurantes.

9 Artenara

La cultura cavernícola sigue vigente en el pueblo más frío y alto de la isla. Se puede contemplar la sencilla iglesia del siglo XIX, disfrutar de las inolvidables vistas y visitar la cueva-capilla.

10 Senderismo y escalada

Los senderistas pueden elegir entre tres rutas de diferentes duraciones y niveles. La ruta de 3 h desde La Culata es excepcional, aunque exigente. Los escaladores pueden saborear la ascensión de 80 m al Roque Nublo.

Explosiones y erosión

El accidentado paisaje del centro de la isla no se creó de la noche a la mañana. Millones de años de erupciones explosivas y erosión dieron lugar a la imponente caldera de Tejeda. Es una de las partes más antiguas de la isla: la actividad volcánica llegó a su apogeo hace unos 10 millones de años. Tras una violenta explosión se hundió el centro del volcán y dejó un cráter de 18 km de ancho. Las emblemáticas rocas que lo coronan son resultado de 5 millones de años de erosión.

Cruz de Tejeda **ver p. 82**

TOP 10 Caldera de Bandama

Los guanches consideraban este cráter de volcán extinguido un buen lugar para vivir. Cuando el hombre de negocios holandés Daniel Van Damme visitó el enclave, en el siglo XVI, se percató de la fertilidad del suelo y plantó vides. Agradecidos por la iniciativa, los lugareños bautizaron el extenso agujero con el nombre del holandés. Este perfecto cráter abarca 326 hectáreas y está protegido desde 1994. Es un lugar impresionante, ideal para observar la flora autóctona o simplemente gozar del saludable silencio.

Sendero en la caldera de Bandama

Entre las casas que se agrupan junto a la carretera de La Atalaya hay un bar familiar sin nombre que sirve platos tradicionales a buen precio.

La carretera que lleva al pico está cerrada de 22.00 a 8.00.

- *Mapa E3*
- *Bandama Golf Hotel: 928 351 538. www.bandamagolfhotel.com*
- *Real Club de Golf: Ctra. de Bandama s/n, Santa Brígida, 928 35 01 04. www.realclubdegolfdelaspalmas.com*
- *Casa del Vino: Finca El Galeón, Santa Brígida. 928 64 48 84. Horario: 10.00-14.00 ma-do*

Los Top 10

1. Caldera
2. Flora
3. Edificios abandonados
4. Vistas
5. Senderismo
6. Golf
7. Vino
8. Cuevas de los Canarios
9. Restaurante
10. Bandama Golf Hotel

1 Caldera

La caldera de Bandama es el cráter más reciente de la isla. Tiene 800 m de diámetro y una profundidad media de 200 m. Los detalles de la última erupción son imprecisos, pero los vulcanólogos coinciden en que el volcán escupió fuego por última vez hace más de 5.000 años.

2 Flora

El cráter es un paraíso de flora endémica. Además de cactus y palmeras, hay tajinastes, olivos, lentiscos e impresionantes siemprevivas.

3 Edificios abandonados

Una era y un lagar del siglo XVIII figuran entre los edificios en desuso de la caldera de Bandama. Cerca de este enclave se halla la casa de un tenaz granjero que ha vivido en el lugar los últimos años.

4 Vistas

Una sinuosa carretera conduce al pico, de 574 m de altura, cuya cima ofrece una imponente panorámica de Gran Canaria. Las vistas subrayan la diversidad de la isla, ya que abarcan las bulliciosas ciudades de Las Palmas y Telde, las variadas playas de la costa este y los elevados picos centrales.

5 **Senderismo**
No hay mejor anera de explorar andama que bajando l cráter a pie. Un vidente sendero parte lesde detrás del bar e la carretera de La talaya. En el fondo ay un camino circular ue recorre el interior lel cráter.

6 **Golf**
El Real Club de Golf, el más antiguo de España, fundado en 1891, ocupa un envidiable emplazamiento junto al cráter *(izquierda)*. Es par 71 y se puede jugar sin ser socio los días laborables por la mañana.

7 **Vino**
Daniel Van Damme se dio cuenta de que el suelo volcánico de la caldera era ideal para cultivar uvas. Hoy es la principal zona vinícola de la isla, con cinco bodegas en la carretera de acceso al cráter. Algunas elaboran caldos con denominación de origen, mientras que otras producen vinos menos sofisticados. Para probar o comprar vino visite la Casa del Vino.

8 **Cuevas de los Canarios**
Quienes no se dejen intimidar por las alturas deben visitar las cuevas excavadas por los guanches en el cráter *(arriba)*. Albergaban viviendas, un amplio granero y singulares grabados. Para llegar hay que seguir el sendero que sale a la izquierda, después de dejar la carretera adoquinada.

9 **Restaurante**
El restaurante encaramado en la ladera norte de la montaña sirve cocina francesa y local. Las vistas de Las Palmas son insuperables.

10 **Bandama Golf Hotel**
Este hotel *(abajo)* ofrece bonitas vistas del cráter y es perfecto para relajarse. Las habitaciones son sencillas pero acogedoras.

Agricultura volcánica

Establecerse en el fondo de un cráter volcánico puede parecer extravagante, y aún más proponerse cultivar la tierra. Pero lo cierto es que este microclima ofrece condiciones favorables para la agricultura, en especial la viticultura. Las piedras sueltas, conocidas como *picón*, acumulan la humedad nocturna y la liberan cuando luce el sol. Daniel Van Damme pronto se percató de ello y su técnica de encerrar las plantas en piedras volcánicas sigue siendo práctica habitual del único habitante del cráter.

La ascensión a las cuevas de los Canarios no es difícil, pero el sendero es estrecho, con una abrupta bajada.

TOP 10 Barranco de Guayadeque

Los profundos barrancos son rasgos característicos de Gran Canaria, hasta el punto de que modelan su paisaje. Pero ninguno es tan impresionante como el de Guayadeque, que en lengua guanche significa "lugar de agua corriente". Además de una gran belleza natural, este fascinante territorio alberga un importante patrimonio cultural. Su flora y fauna son únicas, y la escasa población local vive en cuevas y lucha por mantener una forma de vida que se ha perdido en el resto de la isla.

Montaña de las Tierras, barranco de Guayadeque

Guayadeque es un buen lugar para probar la cocina tradicional canaria. Siguiendo la tradición local, los restaurantes están alojados en cuevas artificiales dispersas por el barranco, con sillas y mesas talladas en la roca. Los mejores están en Montaña de las Tierras. Conviene venir entre semana para evitar multitudes.

Se recomienda dedicar un día entero a explorar el barranco.

- *Mapa E4*
- *GC-103 desde Agüimes o GC-122 desde Ingenio*
- *Museo de Guayadeque: 928 17 20 26. Horario: 9.00-17.00 ma-sá, 10.00-15.00 do. Entrada: 2,50 € (menores de 12 años 1 €)*

Los Top 10

1. Museo de Guayadeque
2. Asentamientos guanches
3. Ermita de San Bartolomé de Guayadeque
4. Aldea troglodita (Cuevas Bermejas)
5. Merenderos y barbacoas
6. Restaurantes
7. Montaña de las Tierras
8. Senderismo
9. Flora y fauna
10. Vistas

1 Museo de Guayadeque

Este museo, instalado en una cueva, permite hacerse una idea de la vida en el barranco desde los tiempos de los guanches hasta la actualidad. Hay información sobre momias, agricultura, flora autóctona e incluso construcción de viviendas en cuevas.

2 Asentamientos guanches

El barranco estaba densamente poblado antes de la conquista (*ver p. 34*); por eso está lleno de cuevas naturales y artificiales. En las cuevas Muchas, las más interesantes, quedan vestigios de viviendas, graneros y tumbas.

3 Ermita de San Bartolomé de Guayadeque

Excepto los bancos, todo en esta cueva-capilla (*izda.*), situada en Cuevas Bermejas, está cincelado en la roca. No se sabe cúando se estableció la ermita, pero parece que el crucifijo es anterior a la conquista española.

Las cuevas Muchas se encuentran en la parte superior del barranco y el acceso es peligroso; es mejor verlas desde la carretera.

4 Aldea troglodita (Cuevas ɜermejas)

ɩunque la tradición de vivir n cuevas ha perdurado, stas viviendas trogloditas ɩel siglo XXI guardan poco ɩarecido con sus primiti-ɩas vecinas. Al asomarse algunas de ellas es fácil er cocinas modernas televisores.

5 Merenderos y barbacoas

Quien desee admirar la belleza natural del barranco mientras sacia el hambre puede hacerlo en las zonas habilitadas al efecto. Algunas disponen de barbacoas *(arriba)*; para improvisar un almuerzo sólo hay que comprar carbón y chorizos.

6 Restaurantes

Los restaurantes alojados en cuevas *(abajo)* sirven platos tradicionales canarios, como guiso de verduras, cabrito o gofio *(ver p. 61)*. El mayor atractivo no está en la comida, sino en el entorno.

7 Montaña de las Tierras

La carretera se corta repentinamente en este pueblo agrícola *(arriba)*, desde donde parte un sendero adoquinado que recorre el área rural. La pista de tierra no es apta para vehículos normales; sólo los todoterreno pueden seguir adelante.

8 Senderismo

Las mejores rutas están en la parte superior del barranco, donde la carretera se difumina. Se recomienda el sendero que bordea la caldera de los Marteles. El Centro de Interpretación tiene mapas.

9 Flora y fauna

Dos de las 80 especies de plantas son únicas en el mundo. Abundan los reptiles y es fácil ver al único mamífero autóctono de la isla: una variedad de murciélago.

10 Vistas

El mirador de Montaña de las Tierras ofrece una buena panorámica de la parte inferior de la garganta *(izquierda)*, aunque las mejores vistas se obtienen desde la GC-120 (de Ingenio a Cuevas Blancas).

Una lengua perdida

Queda poco de la lengua guanche, apenas algunas palabras como baifo (carne de cabrito) y gofio (alimento hecho con harina de maíz). Sin embargo, salta a la vista la abundancia de topónimos insólitos, muchos con raíces ajenas al español. Artenara, Agaete, Arguineguín, Tocodomán y Tenteniguada están entre los nombres cuyos orígenes son previos a la conquista. Por desgracia, sus significados se han perdido en gran medida.

Puerto de las Nieves

Durante mucho tiempo fue el principal puerto de la isla, pero pasó a segundo plano en el siglo XIX con la construcción del puerto de la Luz, en Las Palmas. La falta de tráfico marítimo pesado ha permitido que este hermoso pueblo de casas bajas blancas y azules conserve su encanto. No obstante, es el principal punto de partida hacia la isla de Tenerife. Cientos de visitante pasan por el pueblo, que merece algo más que un vistazo rápido a través de la ventana del autobús, de camino al transbordador.

Zona portuaria de Puerto de las Nieves

No hay que olvidarse de probar el fuerte café local, cultivado en el valle de Agaete.

Conviene visitar el pueblo los días laborables, ya que los fines de semana suele estar muy concurrido.

- *Mapa B2*
- *Ermita de las Nieves: 928 89 82 62. Horario: 11.00-13.00 lu-sá, 9.00-11.00 do*

Los Top 10

1. Dedo de Dios
2. Ermita de las Nieves
3. Bajada de la Rama
4. Playa
5. Transbordadores a Tenerife
6. Restaurantes
7. Pesca
8. Vestigios del pasado
9. Réplica de Maipés de Abajo
10. Buceo y surf

1 Dedo de Dios

En 2005, una tormenta destrozó este curioso monolito de basalto. Se está decidiendo si se reconstruye o si se le devuelve su nombre original: Roque Partido.

2 Ermita de las Nieves

Barcos en miniatura donados por los pescadores adornan el interior de esta pequeña aunque importante iglesia. Contiene un tríptico flamenco dedicado a la Virgen de las Nieves.

3 Bajada de la Rama

Esta fiesta *(abajo)* se celebra el 4 de agosto y tiene su origen en un ritual de la lluvia guanche. Los juerguistas toman las calles y siguen la tradición de golpear el agua del mar con ramas de pino.

4 Playa

De las dos playas disponibles, la mayoría opta por la más alejada del puerto *(izquierda)*. No tiene arena, pero sus aguas tranquilas y claras compensan las piedras.

5 Transbordadores a Tenerife

Desde el puerto salen transbordaores entre las 6.30 y 20.30 con desno a Santa Cruz, capital de la isla de enerife. El trayecto dura una hora.

6 Restaurantes

Los abundantes restaurantes amiliares del paseo marítimo *derecha)* ofrecen la pesca del día. Se les recomienda la parrillada le pescado y marisco.

7 Pesca

Si se es aficionado a la pesca, se puede acudir al muelle o, incluso, preguntar si hay sitio en alguno de los barcos pesqueros. O sencillamente tomarse un café mientras se observa cómo los pescadores reparan las redes en el puerto.

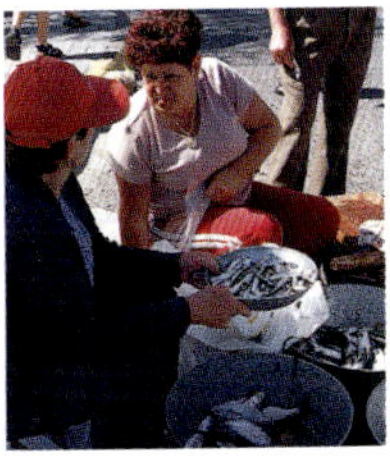

8 Vestigios del pasado

En Puerto de las Nieves se conservan varias reliquias de su glorioso pasado. El extraño molino de viento del siglo XIX, en la avenida de los Poetas, es el único de su clase en la isla. La vieja grúa y el horno de cal figuran en los álbumes de fotos de muchos turistas.

9 Réplica de Maipés de Abajo

La necrópolis guanche de Maipés de Abajo sucumbió a la presión constructora. Sólo se conserva una pequeña reproducción de las tumbas. En cambio, la necrópolis de Maipés de Arriba *(ver p. 41)*, en el valle de Agaete, sobrevivió al desarrollo.

10 Buceo y surf

Los alrededores de Puerto de las Nieves ofrecen condiciones ideales para practicar deportes acuáticos. Los acantilados cercanos al Dedo de Dios son perfectos para bucear. Los surfistas prefieren la punta de las Viejas, al norte del puerto.

Altibajos

El puerto natural que es hoy Puerto de las Nieves desempeñó un papel importante, aunque un tanto deshonroso, en los últimos años de la conquista. Desde aquí despacharon al jefe guanche local para ser bautizado en el continente. Los conquistadores españoles lanzaron su asalto a Tenerife desde este puerto. Más adelante, Puerto de las Nieves vivió periodos de ruina y prosperidad a medida que el comercio con América decrecía o se incrementaba.

Puerto de la Luz, c.1895-1900

TOP 10 Acontecimientos históricos

1 Origen volcánico

Gran Canaria comparte origen volcánico con las demás islas Canarias. Se estima que emergió hace 15 millones de años. Un segundo periodo de actividad volcánica creó el noreste de la isla 11 millones de años más tarde. Los volcanes se extinguieron hace 3.000 años.

2 Llegada de los primeros habitantes

El misterio rodea a los primeros habitantes de la isla. La mayoría de los historiadores afirma que los guanches llegaron del norte de África hacia 2000 a.C. Otros creen que eran vikingos, ¡o incluso atlantes! Tras el hallazgo de restos de hombres de cromañón, algunos expertos sugieren que los mediterráneos y los cromañón cohabitaron la isla.

Momia guanche de Gran Canaria

3 Los primeros exploradores

Aunque los portugueses y los mallorquines habían pasado ya ante la isla, el primero que desembarcó fue Jean de Bethencourt, en 1405 *(abajo)*. A pesar de haber tomado con éxito Lanzarote y Fuerteventura, no pudo doblegar a los duros grancanarios. Juan Rejón tuvo más suerte en 1478, cuando consiguió establecer la aldea de Real de Las Palmas, futura capital de la isla.

4 Bautismo y derrota

Los nativos no pudieron hacer frente a los invasores españoles. El jefe norteño, Tenesor Semidan, fue capturado, bautizado y sumado a la causa española. La capitulación llegó en 1483: muchos de los resistentes prefirieron lanzarse a un profundo barranco antes que vivir como esclavos.

Desembarco de Bethencourt en Gran Canaria

Páginas anteriores **Manzanos en flor al pie del Roque Nublo**

5 Ataques piratas

La posición estratégica del archipiélago en una importante ruta comercial trajo riqueza, pero también tentó a los piratas. La muralla que rodeaba Las Palmas no sirvió de mucho durante el ataque de Francis Drake en 1595, aunque el pirata no logró someter a los lugareños. Quien sí lo consiguió en 1599 fue el corsario holandés Pieter van Der Does: tras un asedio de 10 días devastó la capital, dejando pocas iglesias y edificios en pie.

Asalto de Pieter van Der Does

6 Emigración masiva

Tras el descubrimiento del Nuevo Mundo, miles de isleños cruzaron el Atlántico y se establecieron en América, desde Texas hasta Argentina. La mayoría se concentró en el Caribe, sobre todo en Venezuela; de hecho, los canarios se refieren a este país como "la octava isla" por sus estrechos vínculos familiares.

7 Auge y quiebra

El comercio con América llevó a una feroz competencia y la industria de la caña de azúcar canaria se arruinó por la caída de los precios; lo mismo ocurrió con el vino y la cochinilla. A finales del siglo XIX la situación era desesperada y se produjo otro éxodo masivo a Latinoamérica.

8 Comunicaciones

La construcción del puerto de la Luz en 1881 cambió la suerte de Gran Canaria para siempre. Pronto se convirtió en el principal puerto del archipiélago y hoy sigue siendo uno de los mayores de Europa. El primer aeropuerto de las islas Canarias se construyó al sur de Las Palmas en 1930.

9 El alzamiento del general Franco

Cuando los oficiales del ejército español supieron de la existencia de un general rebelde, en marzo de 1936, le enviaron a las islas Canarias. Pero su medida no dio resultado y, en julio del mismo año, Francisco Franco y sus partidarios se alzaron contra la República desde su cuartel de Las Palmas, encendiendo la mecha de la Guerra Civil española. En 1939, Franco tomó el poder y se inició una larga dictadura que terminó con su muerte, en 1975.

10 El fenómeno turístico

Tras las fallidas iniciativas industriales de los siglos pasados, las islas Canarias necesitaban nuevas y más estables fuentes de ingresos y trabajo. La salvación llegó en los años sesenta del pasado siglo en forma de construcción masiva. Las plantaciones de tomates dieron paso a enormes hoteles. El turismo es hoy el pilar fundamental de la economía canaria. Más que un lugar de vacaciones, Gran Canaria se ha convertido en residencia habitual de muchos ciudadanos europeos.

Franco en Las Palmas, 1955

Los guanches, primeros habitantes de las islas Canarias, también eran conocidos como canarios.

Izquierda **Museo Elder de la Ciencia y la Tecnología** Derecha **Museo Néstor**

TOP 10 Museos

1 Casa de Colón, Las Palmas

Un fascinante viaje a través de la historia de la navegación y el descubrimiento de América en uno de los edificios más atractivos de la isla *(ver pp. 8-9)*.

Alfarería tradicional, Museo Canario

2 Museo Canario, Las Palmas

Este museo ofrece una hipnótica incursión en la misteriosa cultura prehispánica de las islas Canarias, con extraordinarios hallazgos arqueológicos *(ver pp. 12-13)*.

3 Museo Elder de la Ciencia y la Tecnología, Las Palmas

Este museo científico ofrece una combinación perfecta de educación y entretenimiento, con multitud de muestras interactivas para visitantes de todas las edades *(ver p. 66)*.

4 Museo Néstor, Las Palmas

Las mejores obras del modernista canario Néstor Martín Fernández de la Torre se muestran en el neoclásico Pueblo Canario, diseñado y construido en la década de 1930 por el hermano del artista, Miguel. Muchos consideran *Poema del Atlántico* la obra maestra del artista, aunque en la colección también destaca *Poema de la Tierra* por la sensibilidad que transmite *(ver p. 66)*.

5 Museo de Historia de Agüimes

Dado su rico e interesante pasado, que se remonta a tiempos de los guanches, la localidad de Agüimes merece tener un museo. El visitante quedará impresionado con las antiguas leyendas y supersticiones del lugar, producto de su mezcla étnica. El museo ocupa una bella mansión del siglo XVII. La exposición está bien organizada. *Juan Alvarado y Saz 42 • Plano E4 • 928 78 54 53 • Horario: 9.00-17.00 ma-do • Se cobra entrada*

6 Casa Museo Antonio Padrón, Gáldar

Muchas de las coloridas pinturas de Antonio Padrón retratan las costumbres y rutinas canarias, aunque esta colección también incluye algunas de sus obras expresionistas. El museo está alojado en el estudio del artista, un encantador edificio situado en su ciudad natal *(ver p. 75)*.

Casa Museo Antonio Padrón

7 Casa de los Patronos de la Virgen, Teror

Los patronos de la estatua de la Virgen más importante de Gran Canaria residieron durante siglos en este espléndido edificio tradicional canario. Hoy se conserva como museo, con la decoración de la época. Cuenta con un patio y una pequeña capilla *(ver p. 20)*.

Interior de la CAAM

8 CAAM, Las Palmas

Esta galería de arte cobra vida con las variadas exposiciones temporales de artistas españoles, africanos y latinoamericanos *(ver p. 68)*.

9 Ecomuseo Casa-Alfar Panchito, La Atalaya

En una cueva se halla la vivienda y el taller de este maestro de la alfarería tradicional, en la que se puede ver la vida canaria que se ha perdido.

Camino de la Picota 11 • Plano E3 • 928 28 82 70 • Horario: 9.30-13.30, 16.00-19.30 ma-ju, 9.00-13.00 vi-sá • Se cobra entrada

10 Centro de Interpretación de Guayadeque

La vida troglodita pasada y presente tiene su propio museo en el barranco de Guayadeque *(ver pp. 28-29)*.

Las 10 mejores exposiciones

1 *Poema del Atlántico*, Museo Néstor
Esta magna obra muestra el océano a diferentes horas del día en ocho paneles.

2 Sala de Dibujo, Casa de los Patronos de la Virgen
Esta sala da a la plaza de Teror y contiene bellos retratos y muebles antiguos.

3 *Piedad*, Casa Museo Antonio Padrón
El artista murió antes de completar su última pintura.

4 Péndulo de Focault, Museo Elder de la Ciencia y la Tecnología
Este enorme péndulo va derribando pequeños postes, lo que prueba la rotación de la Tierra.

5 Ídolo de Tara, Museo Canario
El ídolo prehispánico más grande e importante de la isla.

6 *Poema de la Tierra*, Museo Néstor
Esta reflexiva obra describe las estaciones y las horas del día.

7 Astrolabio, Casa de Colón
Este instrumento de navegación del siglo XV es único.

8 Molino de agua, Centro de Interpretación de Guayadeque
Esta maqueta interactiva explica el funcionamiento de un molino de agua.

9 Supersticiones y brujería, Museo de la Historia de Agüimes
En varios paneles se relatan las creencias de los primeros habitantes de Agüimes.

10 Taller, Ecomuseo Casa-Alfar Panchito
Una introducción práctica a la alfarería tradicional canaria.

Algunas exposiciones de la CAAM no son aptas para niños, por lo que conviene informarse de los programas con antelación.

Izquierda **Templo Parroquial de San Sebastián** Derecha **Catedral de Santa Ana**

Top 10 Iglesias

1 Catedral de Santa Ana, Las Palmas

La catedral de Las Palmas ocupa 7.000 m² y es una impresionante mezcla de estilos arquitectónicos. En el interior se puede ver importantes esculturas de Luján Pérez y vestigios de la estructura original gótica *(ver pp. 10-11)*.

Basílica de Nuestra Señora del Pino

2 Basílica de Nuestra Señora del Pino, Teror

Esta inmensa basílica, reconstruida y reformada en incontables ocasiones, es lugar de peregrinación desde el siglo XVI *(ver pp. 22-23)*.

3 Templo Parroquial de San Sebastián, Agüimes

Entre un laberinto de callejones adoquinados se alza el magnífico templo parroquial de San Sebastián, un excepcional ejemplo de arquitectura neoclásica canaria. Tiene más aire de catedral que de iglesia. Aunque se empezó a construir en 1796, no se terminó hasta 1940. *Plaza de Nuestra Señora del Rosario • Mapa E4*

4 Iglesia de Santiago de los Caballeros, Gáldar

El rasgo más singular de esta iglesia es que no se construyó en estilo típico canario, sino en una mezcla de barroco y neoclásico. Dentro está la llamada pila verde, donde se bautizaba a los nativos en tiempos de la conquista española. *Plaza de Santiago • Mapa C1*

5 Basílica de San Juan Bautista, Telde

La fachada de la principal iglesia de Telde es tan severa como su pesada puerta de madera y trae a la memoria los castillos medievales. El retablo flamenco figura entre las obras de arte más bellas de las islas Canarias; de hecho, eclipsa incluso al retablo mayor, de estilo barroco. Los mexicanos de Michoacán moldearon la figura de Cristo con pasta de maíz en 1550 *(ver p. 90)*.

Parroquia de San Juan Bautista

La mayoría de las iglesias no tiene horario de apertura fijo, pero es mejor visitarlas por la mañana.

6 Parroquia de Nuestra Señora de la Candelaria, Moya

Esta gran iglesia del siglo XX, con dos campanarios gemelos y un perfecto rosetón, es el centro de atención de la tranquila localidad de Moya. Pero lo más llamativo es su vertiginoso emplazamiento sobre un escarpado barranco *(ver p. 76)*.

7 Iglesia de Nuestra Señora de la Concepción, Agaete

La cúpula roja y brillante que corona la iglesia de Agaete la distingue de otras iglesias neoclásicas. *Juan Valls y Roca 1 • Mapa C2*

Iglesia de Santa Lucía

8 Iglesia de Santa Lucía

Esta bonita iglesia de 1905 recuerda una mezquita por su pronunciada cúpula. *Plaza de Santa Lucía, Santa Lucía de Tirajana • Mapa D4*

9 Parroquia de San Juan, Arucas

Tras la ornamentada fachada de la iglesia más llamativa de la isla se esconde un interior igual de impresionante, con esculturas, pinturas, vidrieras y un magnífico retablo *(ver p. 76)*.

10 Iglesia de la Candelaria, Ingenio

En esta iglesia del siglo XX destacan las esculturas de san José y san Blas de Luján Pérez *(ver p. 11)*. *Hermanos Fullana 5 • Plano E4*

Las 10 mejores ermitas

1 Ermita de la Virgen de la Cuevita, Artenara
La patrona de los ciclistas se halla en una pequeña capilla excavada en la roca *(ver p. 82)*.

2 Ermita de las Nieves, Puerto de las Nieves
Este pequeño templo empezó como santuario en una torre fortificada del siglo XV.

3 Ermita de San Antonio Abad, Las Palmas
Se dice que Colón rezó en esta encantadora iglesia antes de partir hacia América.

4 Ermita de la Inmaculada Concepción, La Atalaya
Esta sencilla ermita del siglo XVIII parece una casa rural.

5 Ermita de San Telmo, Las Palmas
Esta iglesia se reconstruyó en 1694, después de que la ermita original del siglo XVI fuera destruida por piratas holandeses.

6 Ermita de San Isidro, San Isidro (Teror)
Antepasados de los actuales propietarios levantaron esta ermita privada en el siglo XVII.

7 Ermita de San Sebastián, Agaete
Esta ermita mudéjar luce un elaborado techo.

8 Ermita de San Isidro El Viejo, Gáldar
Este edificio con aspecto de mezquita es quizá el lugar de culto más pequeño de la isla.

9 Ermita de San Roque, Valsequillo
Esta iglesia del siglo XX tiene un impresionante palmeral como telón de fondo.

10 Ermita de Ayacata, Ayacata
En febrero, esta bella iglesia de montaña se rodea de almendros en flor.

Las ermitas suelen verse desde el exterior, pero los interesados en verlas por dentro pueden contactar con las parroquias.

Izquierda **Cueva Pintada** Derecha **Cuatro Puertas**

Top 10 Asentamientos guanches

1 Cueva Pintada
En 1860, un campesino local se topó con esta cueva, descubriendo así el yacimiento arqueológico más importante (y el mejor conjunto de pinturas aborígenes) de todo el archipiélago. En julio de 2006, después de más de veinte años, la cueva Pintada volvió a abrir sus puertas al público. Entrada limitada, se necesita reservar *(ver p. 75)*.

2 Tufia
Este asentamiento es insólito, ya que contiene ejemplos de los dos tipos de viviendas aborígenes comunes en la isla: cuevas y casas bajas de piedra. Hoy, las cuevas costeras alojan a trogloditas del siglo XXI, pero las casas de piedra se conservan en su estado original. Domina el entorno un inmenso *tagoror*, el espacio donde se reunían los ancianos para tomar decisiones *(ver p. 87)*.

Cenobio de Valerón

3 Cuatro Puertas
Quien no se sienta impresionado por otros asentamientos aborígenes de la isla debe visitar Cuatro Puertas, la cueva artificial más extraordinaria de Gran Canaria y de todo el archipiélago. La amplia cámara con cuatro entradas era lugar sagrado. Un claro camino conduce a la cueva *(ver p. 88)*.

Túmulo de La Guancha

4 Túmulo de La Guancha
Aunque no se puede comparar con las tumbas reales de Egipto, esta necrópolis guanche es la más interesante de la isla. Se cree que el sepulcro central estaba reservado al *guanarteme* (jefe) y la aristocracia yacía a su alrededor *(ver p. 78)*.

5 Cenobio de Valerón
Este grupo de diminutas cuevas artificiales, construidas sin el uso de herramientas modernas, supone una impresionante hazaña de la ingeniería arcaica. Los expertos creyeron durante muchos años que era una especie de convento, pero hoy coinciden en que se trataba de un granero *(ver p. 75)*.

Algunos yacimientos están abiertos al público y otros requieren permisos especiales del Cabildo (928 21 94 21, ext. 4441).

6 Maipés de Arriba

Con unas 500 tumbas, Maipés de Arriba bien pudo ser el principal cementerio para los guanches de clase humilde. Contiene diferentes tipos de tumbas, entre las que destacan las torres circulares, quizá reservadas a la aristocracia aborigen. Una necrópolis similar cercana a la costa, en Maipés de Abajo, fue engullida por el desarrollo inmobiliario, aunque existe una reproducción a escala en Puerto de las Nieves *(ver p. 31).* *Mapa C2*

7 Letreros de Balos

Se han encontrado muchas pinturas rupestres en las islas Canarias, pero pocas son tan variadas como las del barranco de Balos. Algunos dibujos parecen representar símbolos de la fertilidad, un tema común en la cultura canaria prehispánica. También hay inscripciones alfabéticas que sugieren vínculos con los pueblos libios-bereberes del norte de África *(ver p. 90).*

8 Arteara

La necrópolis más importante de la isla se halla en un impresionante emplazamiento: un palmeral del barranco de Fataga. Los enterramientos, mediante rocas apiladas, se describen en los paneles informativos y en un pequeño centro de interpretación. *Mapa D5*

• Centro de interpretación: 928 72 00 35 (visitas con guía previa cita). Horario: 10.00-16.00 lu-vi

9 Fortaleza de Ansite

El último baluarte guanche está salpicado de cuevas con vistas al

Roque Bentayga

barranco de Tirajana. Es fácil imaginar cómo los lugareños trataban en vano de repeler los ataques españoles y se lanzaban al vacío gritando la consigna patriótica *atis tirma.* *Mapa D4*

10 Roque Bentayga

Se han descubierto viviendas y graneros alrededor del enorme Roque Bentayga, considerado lugar sagrado por los guanches *(ver pp. 24 y 81).*

Izquierda **Montañón Negro** Derecha **Dunas de Maspalomas**

TOP 10 Bellezas naturales

1 Montañón Negro
Los pinos autóctonos destacan sobre el austero paisaje negro del volcán más reciente de Gran Canaria. Su última erupción fue hace 3.000 años y dejó un profundo y llamativo cráter: la caldera de los Pinos de Gáldar.
Plano C3

2 Pilancones
Aunque no es tan exuberante ni denso como su vecino del norte, Tamadaba, el bosque de Pilancones es imponente. Abarca casi 5.800 hectáreas de pino canario y es un lugar perfecto para la observación de aves como el pico picapinos *(ver p. 95)*.

Barranco de Guayadeque

3 Los Tilos de Moya
Éste es el único bosque de laurisilva de la isla fuera del jardín Botánico Canario *(ver pp. 14-15)*. Se trata de un hábitat perdido en Europa desde la última glaciación. En este mundo primigenio conviven especies vegetales como el mirto, el sauce y el brezo *(ver p. 75)*.

Presa de las Niñas

4 Barranco de los Cernícalos
Este notorio barranco dispone de agua corriente todo el año, algo poco común en Gran Canaria. La vegetación va cambiando a medida que se asciende a la cascada más alta por un fácil sendero entre sauces y olivos. Los aficionados a la botánica tienen la oportunidad de ver plantas endémicas, como el bicácaro y el tajinaste de Tenteniguada *(ver p. 16)*. Al barranco se accede por Lomo Magullo. *Mapa E3*

5 Barranco de Guayadeque
Una flora fascinante, un patrimonio singular y una forma de vida insólita coexisten en el barranco más espectacular de la isla de Gran Canaria *(ver pp. 28-29)*.

6 Jardín Botánico Viera y Clavijo
La riqueza de la flora canaria se pone de manifiesto en este jardín, perfecto para hacer una excursión de un día desde Las Palmas. Además de especies autóctonas hay una gran variedad de plantas tropicales y otras adaptadas al clima suave de la isla *(ver pp. 14-15)*.

7 Presa de las Niñas
El embalse más atractivo de la isla es también el más popular: los fines de semana suele haber isleños aficionados a los almuerzos campestres. Los días laborables

es un lugar mucho más tranquilo. El pequeño bosque de pinos es más propio de Canadá que del archipiélago canario. Además de un merendero bien equipado, se puede disfrutar de una zona de acampada cuyo uso requiere un permiso del Cabildo *(ver p. 96)*.

Pinar de Tamadaba

8 Pinar de Tamadaba
En este sosegado bosque abunda el pino canario y crecen algunas plantas endémicas muy poco comunes, imposibles de ver en otros lugares de la isla. En lengua guanche, *tamadaba* significa hueco, aunque la mayor parte del bosque se halla a mayor altura que el territorio circundante *(ver p. 81)*.

9 Los Azulejos
Al llegar a Mogán desde La Aldea de San Nicolás, los acantilados se iluminan de repente con un arco iris de colores que van desde el azul al marrón, pasando por todos los matices de amarillo y verde. En invierno surgen pequeñas cascadas de los acantilados, que realzan su belleza. *Mapa B4*

10 Dunas de Maspalomas
No existe nada parecido a estas magníficas dunas doradas, situadas junto a un centro turístico. Los más enérgicos pueden recorrer el duro sendero que recorre las dunas hasta llegar al punto donde desaparecen los hoteles y sólo se ve arena *(ver pp. 18-19)*.

Las 10 especias más comunes

1 Lagarto gigante de Gran Canaria *(Gallotia stehlini)*
Puede medir 80 cm y suele tomar el sol en las rocas.

2 Lisa variable *(Chalcides sexlineatus)*
Este pequeño lagarto se escabulle con rapidez.

3 Pinzón azul *(Fringilla teydea polatzeki)*
Se le puede ver en el pinar situado al norte de Mogán.

4 Pico picapinos *(Dendrocopos major)*
Blanco y negro, con brillos anaranjados en las plumas. Está en peligro de extinción.

5 Bisbita caminero *(Anthus berthelotii Bolle)*
Pájaro bastante común, aficionado a los pinares canarios.

6 Cernícalo común *(Falco tinnunculus Linnaeus)*
Abundante, pero no por ello menos impactante; reconocible por sus alas multicolor.

7 Halcón tagarote *(Falco pelegrinoides Temminck)*
Difícil de ver, ya que no tiene hábitat definido.

8 Perdiz roja *(Alectoris rufa)*
Muy extendida en Gran Canaria, pero escasa en las demás islas.

9 Alcaraván *(Burhinus oedicnemus)*
Suele vivir en los barrancos del norte, aunque su hábitat está amenazado.

10 Terrera Marismeña *(Callendrella rufescens)*
Su corona leonada suele verse en zonas áridas, desde Telde a Mogán.

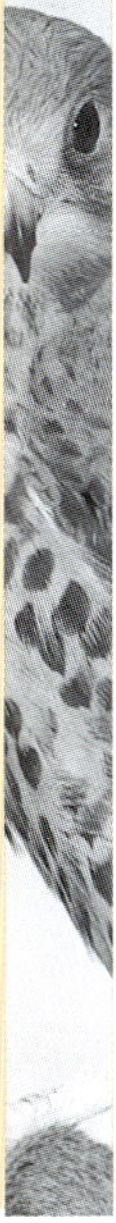

En Mogán se puede comprar cerámica inspirada en los acantilados multicolores de Los Azulejos.

Izquierda **Aguadulce** Derecha **Las Burras**

TOP 10 Playas

1 Maspalomas

Paraje incomparable para tomar el sol, con el telón de fondo de las dunas *(ver pp. 18-19)*.

Maspalomas

2 Las Canteras

La playa de la capital tiene 2,8 km de longitud, arena dorada y aguas cristalinas. Un arrecife rocoso conocido como La Barra mantiene las olas a distancia y convierte la playa en un buen lugar para bañarse en familia. Más al sur, la ausencia de arrecife permite a los surfistas disfrutar de la rompiente. Quienes opten por no ir a la playa pueden recorrer el paseo marítimo y parar a comer marisco en La Puntilla. *Plano N2*

Las Canteras

3 Amadores

Ubicada en la zona más soleada de la isla, Amadores, en una gran media luna de arena dorada. Cuenta con abundantes servicios e instalaciones como windsurf, buceo y excursiones en barco además de un mini golf y campos de golf cercanos. La playa está también llena de restaurantes y bares. El paseo entre Amadores y el cercano Puerto Rico ofrece magníficas vistas de la playa. *Plano B5*

4 San Agustín

Esta playa de arena negra y aguas tranquilas está dividida en tres tramos por sendos afloramientos rocosos. La mayoría de los bañistas procede de la capital, aunque cada vez más turistas conocen sus encantos. *Mapa F4*

5 Montaña Arena

Esta franja de arena oscura, indiferente al furor inmobiliario que arrasa la costa sur, no dispone de instalaciones. Muy frecuentada por nudistas y exenta de multitudes, a pesar de estar cerca de los grandes centros turísticos. Para llegar hay que aparcar en el camping situado al oeste de Pasito Blanco, dirigirse a la playa pedregosa y tomar un vertiginoso sendero a la izquierda. *Mapa C6*

6 Veneguera

Ésta es otra playa inmaculada, favorita entre los nudistas pero bastante ignorada. Unas tranquilas aguas bañan su arena negra y sus guijarros, en un entorno de imponentes acantilados. Tras el pueblo de Venegue-

Las corrientes de la playas solitarias son peligrosas, sobre todo en las costas oeste y norte.

Amplia extensión de arena en Playa del Inglés

ra, las pistas sólo son aptas para vehículos todoterreno (se puede aparcar y acceder a pie). *Mapa B5*

7 Playa del Inglés

Muy cerca de Maspalomas se halla una de las playas más concurridas de la isla, aunque su extensión permite a todos disfrutar de su fina arena dorada. Es un lugar perfecto para quienes busquen instalaciones y servicios de todo tipo (ver pp. 99, 113 y 115). *Plano D6*

8 El Juncal

Pocos se aventuran a esta recóndita cala, pero quienes lo hacen se ven recompensados con unas aguas excepcionalmente tranquilas, rodeadas de imponentes acantilados. Desde la GC-2 (en dirección oeste) hay que tomar la primera salida después del km 29 y luego atravesar las plantaciones de tomates; al llegar a un llano hay que aparcar y seguir a pie los últimos 20 minutos. *Mapa B2*

9 Aguadulce

Bajo el yacimiento guanche de Tufia hay una tranquila y protegida cala con 140 m de arena clara. Es perfecta para bucear y, aunque tiene fácil acceso, suele estar desierta, ya que la mayoría de los turistas prefieren el buen clima que asegura el sur. Desde aquí se puede ver cómo los aviones despegan y aterrizan en el cercano aeropuerto o contemplar el asentamiento aborigen de Tufia *(ver p. 87)*. *Mapa F3*

10 Las Burras

Esta playa algo ventosa constituye una buena alternativa a las concurridas playas cercanas. Muy popular entre los lugareños y perfecta para los niños por sus aguas tranquilas.

En las playas más concurridas se debe respetar las banderas de seguridad y las advertencias de los altavoces.

Paseo en dromedario por Maspalomas

Actividades al aire libre

1 Senderismo

Las posibilidades son infinitas: desde paseos cortos y fáciles hasta caminatas más duras por los caminos reales (rutas antiguas que atraviesan la isla). Se recomienda informarse con antelación sobre la seguridad de las rutas o, mejor aún, salir en grupos organizados. *Nortetrek: 636 578 586 • www.nortetrekgrancanaria.com • Rambling Roger: www.ramblingroger.com*

Real Club de Golf de Las Palmas

2 Golf

Los golfistas disponen de seis campos de 18 hoyos y un par de 9 hoyos. La mayoría de los campos se concentra en el sur de la isla, aunque el prestigioso Real Club de Golf *(ver p. 27)* está a las afueras de Las Palmas y Las Palmeras Golf Sport Urban Resort está en la misma Las Palmas. *Las Palmeras Golf Sport Urban Resort: Avda. Dr. Alfonso Chiscano Díaz s/n. • 928 22 23 33 • www.laspalmerasgolf.es*

3 Escalada

La roca volcánica es un sueño para los escaladores, en especial las paredes del macizo central. El Roque Nublo cuenta con buenas vías, mientras que la zona de Ayacata es más adecuada para principiantes. *Mapa C3 • Escalada en Gran Canaria: 928 46 00 45*

4 Parapente

No es necesario estar en una excelente forma para practicar este excitante deporte, aunque es imprescindible no tener vértigo. Quien desee iniciarse puede volar en tándem, sin preocuparse de manejar el parapente. *928 15 70 00 • www.parapentelaspalmas.com*

5 Paracaidismo

Para contemplar Maspalomas a vista de pájaro se puede saltar desde un avión a 3.500 m de altura (junto a un instructor, por supuesto). *www.skydivegrancanaria.es*

6 Vuelos en helicóptero

Quienes deseen tener una panorámica única de Gran Canaria pueden contratar vuelos de 10-60 minutos en helicóptero sobre el escarpado oeste, el exuberante norte o las playas del sur. *Islas Helicopters: 928 157 965 • www.islas-helicopters.com*

Helicóptero turístico

7 Dromedarios

Se puede explorar el barranco de Fataga o las dunas de Maspalomas a

En las rutas de senderismo y ciclismo se recomienda llevar agua suficiente, ya que el calor puede ser extenuante.

lomos de un dromedario.
Mapa D4 (Fataga) y D6 (Maspalomas) • 928 798 680

8 Ciclismo

Los ciclistas más avezados aceptan los desafíos de las rutas de montaña, entre las que destacan el barranco de Arguineguín, la ruta de Agüimes a Santa Lucía de Tirajana, y el circuito que une Puerto de Mogán, Veneguera y Mogán. Otros optan por subir a los picos

Ruta ciclista por el sur de la isla

en autobús y disfrutar tranquilamente de los descensos. Es posible alquilar la bicicleta por libre o unirse a un grupo organizado.
928 766 832 • www.happy-biking.com

9 Descenso de barrancos

Este nuevo deporte de aventura permite conocer rincones de la isla casi intactos y desconocidos para la mayoría de la gente. El variado terreno, que combina cañadas llenas de vegetación y grietas rocosas, es ideal tanto para principiantes como para barranquistas avezados. *928 766 168 • www.canariaventura.com*

10 Fútbol

Los canarios aman el fútbol. Incluso si no se es aficionado a este deporte, ver un partido en el estadio de la Unión Deportiva Las Palmas es ago especial. *Estadio de Gran Canaria, Fondos de Segura s/n, Las Palmas • Mapa E2 • 928 41 69 45 • www.udlaspalmas.es*

Las 10 estrellas canarias del deporte

1 Juan Carlos Valerón
Este excelente centrocampista ha jugado más de 40 partidos con la Selección.

2 Luis Doreste
El hermano menor de José Luis *(ver más adelante)* está entre los mejores navegantes españoles. Tiene dos medallas olímpicas de oro.

3 Domingo Manrique
Cuatro veces olímpico, ganó una medalla de oro en Barcelona 92 con su compañero Luis Doreste.

4 Adelina Taylor
Campeona española y europea de surf en 2001.

5 Magüi Serna
En su mejor momento, en la década de los noventa, estuvo entre las 20 mejores tenistas del mundo.

6 *Pollito de la Frontera*
Número uno de la lucha canaria desde mediados de los noventa.

7 Hermanas Ruano
Las gemelas Iballa y Daida suelen alternarse en los puestos primero y segundo de la clasificación mundial de windsurf.

8 Björn Dunkerbeck
Este grancanario de origen danés es campeón del mundo absoluto de windsurf desde 1988.

9 José Luis Doreste
Ha participado en todos los juegos olímpicos desde Montreal 76 hasta Atlanta 96. Medalla de oro en Seúl 88.

10 Antonio Alfonso *Tonono*
Jugó 22 partidos con la Selección nacional y terminó su carrera deportiva en la U.D. Las Palmas.

Izquierda **Surf** Derecha **Buceo**

TOP 10 Actividades acuáticas

1 Surf

Pocos lugares de Europa ofrecen condiciones tan excepcionales. Este deporte atrae a multitud de entusiastas en busca de la ola perfecta. En la costa sur hay varias escuelas, mientras que la costa norte es más adecuada para surfistas experimentados. *PR Surfing: 628 10 40 25. www.prsurfing.com*

2 Buceo con oxígeno

En Gran Canaria se sentirán satisfechos tanto los amantes de la vida marina como los aficionados a los barcos hundidos. En sus costas se dan cita especies marinas europeas, africanas e incluso caribeñas, y el elevado número de pecios añade interés a las inmersiones. Los mejores lugares son la playa del Cabrón, Pasito Blanco y Sardina del Norte, aunque la mayoría de los pecios se encuentra frente a Las Palmas. *Sunsub: 928 77 81 65. www.sunsub.com • 7 Mares Las Canteras: 928 46 00 35. www.7mares.es*

3 Windsurf

Los windsurfistas más experimentados no pueden dejar de visitar la mítica playa de Pozo Izquierdo, que todos los veranos acoge una prueba del campeonato del mundo. La escuela local imparte clases de iniciación en otras playas más adecuadas para principiantes. *Centro Internacional de Windsurf: 928 12 14 00. www.pozo-ciw.com*

Windsurf

Barcos amarrados en Puerto de Mogán

4 Vela

Tanto si se quiere alquilar un barco por libre como si se prefiere dar clases, Gran Canaria ofrece multitud de posibilidades. La temporada alta va de abril a octubre, aunque los entusiastas navegan todo el año. *Puerto Rico Sailing School: 928 56 07 72*

5 Talasoterapia

Este tratamiento de relajación consiste en masajear el cuerpo con chorros de agua marina caliente. Hay centros en Las Palmas, Maspalomas, Agaete y Amadores.

6 Buceo con tubo

Gran Canaria es un buen lugar para practicar el buceo sin oxígeno. No hace falta salir de la playa de la capital para ver viejas, pulpos, doncellas y besugos.

7 **Natación**
A pesar de no ser cálidas, las guas canarias son buenas para adar. Las costas sur y este son as más seguras; por el contrario, as costas norte y oeste reciben las orrientes más fuertes y las olas nás grandes. Muchos tramos litoales del norte cuentan con piscinas aturales *(ver p. 77)*.

8 **Pesca**
Tanto si se comparte con los ugareños en un muelle como si se sale a mar abierto, la isla ofrece buena pesca. Desde Puerto Rico salen barcos de pesca deportiva en verano; en las aguas cercanas abundan el pez espada y el atún. *Dorado & Cavalier: 928 569 306. www.marlincanariasportfishing.com*

Pesca en Puerto de las Nieves

9 **Cruceros**
Se puede alquilar yates de lujo o salir de excursión en barcos con fondo transparente. Puerto Rico es el mejor lugar para hacerse a a mar, pero también se puede contratar cruceros en Las Palmas y Playa del Inglés.

10 **Piragüismo**
No hay mejor manera de apreciar el variado litoral isleño que desde una piragua. Los principiantes pueden iniciarse en la playa de las Canteras; los más aventureros pueden unirse a una travesía por la costa sur, con paradas en playas inaccesibles por tierra. *Canariaventura: 928 76 61 68. www.canariaventura.com*

Los 10 asiduos del fondo marino

1 **Vieja**
En cualquier inmersión, sea con tubo u oxígeno, es fácil encontrarse con la criatura marina más emblemática de la isla.

2 **Damisela negra**
Esta especie es muy abundante, pero uno nunca se cansa de ver el contraste de su aleta azul sobre las escamas negras.

3 **Tiburón ángel**
Al escualo más común de la zona se le suele confundir con la raya por su cuerpo aplanado.

4 **Pejeverde**
El brillo verde azulado de este pez es tan familiar como agradable.

5 **Pulpo**
Suele esconderse en los fondos rocosos, pero es fácil verlo a poca profundidad.

6 **Mariposa**
Este pez multicolor puede medir hasta 1,5 m y se mimetiza en la arena.

7 **Morena**
Este pez serpenteado y oscuro es inconfundible por sus franjas amarillas y su amenazante dentadura.

8 **Trompeta**
Este curioso pez puede cambiar de color por capricho. Es frecuente verlo en las inmersiones profundas.

9 **Rascacio**
En las aguas canarias viven algunas variedades de este pez, asiduo de los fondos rocosos.

10 **Pecios**
Muchos barcos se han hundido en torno a las costas canarias. Los submarinistas pueden explorar pecios de todo tipo.

Izquierda **Tamadaba** Derecha **Vista desde el Balcón de Zamora (de Teror a Artenara en coche)**

TOP 10 Excursiones a pie y en coche

Fataga (de Agüimes a Maspalomas en coche)

1 De Agüimes a Maspalomas por Temisas, Santa Lucía de Tirajana y Fataga (en coche)

Se recomienda interrumpir esta tortuosa ruta con paradas en los pintorescos pueblos de Temisas *(ver p. 89)* y Fataga y en el mirador de la carretera de Maspalomas. También se puede dar un rodeo por el embalse de La Sorrueda y la fortaleza de Ansite, al sur de Santa Lucía de Tirajana. *Mapa E4-D6*

2 Barranco de los Cernícalos (a pie)

Desde Lomo Magullo hay que tomar la carretera hacia Los Arenales. Un claro camino avanza a través de un exuberante barranco donde borbotea un arroyo todo el año. Esta ruta, además de ser muy atractiva para los amantes de la flora, tiene premio final: una serie de cascadas que van ganando altura. Se tarda aproximadamente unas tres horas en ir y volver. *Mapa E3*

3 Tamadaba (en coche)

Esta corta ruta circular es una de las favoritas por las fantásticas vistas y el exuberante paisaje. Hay que seguir la GC-216 desde Cruz de Acusa, cerca de Artenara, y rodear el pinar más bello de Gran Canaria. La carretera es de sentido único. *Mapa C3*

4 Costa oeste (en coche)

La carretera de Agaete ofrece impresionantes vistas de la costa. Se recomienda parar en la playa de la Aldea a comer pescado antes de volver hacia el interior. También merecen una visita el pueblo morisco de Veneguera y los coloridos acantilados de Los Azulejos *(ver p. 43)*. *Mapa C2–B4*

5 De Teror a Artenara (en coche)

Los puntos más destacables de esta ruta, por la GC-21, son el tramo con vistas al barranco de Valsendero y los extraordinarios miradores del Balcón de Zamora y los Pinos de Gáldar. *Mapa D2–C3*

Costa oeste

6 De Santa Lucía de Tirajana a Fortaleza de Ansite (a pie)

Esta ruta de tres horas atraviesa un paisaje idílico en dirección a la fortaleza de Ansite *(ver p. 96)*. El camino parte del km 49 de la GC-65 y pasa por el imponente embalse de La Sorrueda; hay que girar a la izquierda en todas las bifurcaciones. *Mapa D4*

7 De Gáldar a Moya por Fontanales (en coche)

La GC-220 pasa por Hoya de Pineda (una aldea troglodita) antes de llegar al bosque de los Pinos de Gáldar. Se recomienda parar en el extraordinario mirador de los Pinos de Gáldar antes de tomar la GC-70, pasado Fontanales, y a continuación la espectacular GC-700 en dirección a Moya. *Mapa C1-D2*

8 Barranco de la Virgen (a pie)

Esta ruta de tres horas empieza en Valleseco y atraviesa Valsendero antes de descender al barranco de la Virgen y a Las Madres. Se pueden ver especies poco comunes. *Mapa D2*

9 Ruta de las presas (a pie)

Se inicia en la GC-605, al norte de la presa de las Niñas, abraza la presa de Soria y pasa al norte de la de Chira. La caminata dura siete horas y termina en Cruz Grande. *Mapa C4-D4*

10 De Mogán al pico de las Nieves (en coche)

Tras las lluvias empiezan a aparecer cascadas a lo largo de la sinuosa carretera que lleva al punto más alto de la isla *(ver p. 25)*. *Mapa B4-D3*

Los 10 miradores

1 Pico de Bandama
Pocos miradores ofrecen tal variedad; desde la cumbre del cráter se ve la capital, la costa y las montañas *(ver p. 26)*.

2 Pico de las Nieves
Con suerte se ve la costa desde el punto más alto de la isla *(ver p. 25)*, pero lo más habitual es encontrarse niebla.

3 Degollada de Becerra
A las ya imponentes vistas del Roque Bentayga, Tejeda y las llanuras de Acusa se suma el Teide los días despejados.

4 Roque Nublo
El monolito más famoso de Gran Canaria ofrece bellas vistas del centro insular, las únicas vistas en las que no aparece el propio Roque *(ver p. 24)*.

5 Mirador del Balcón, La Aldea de San Nicolás
El colofón al recorrido en coche por la costa oeste son unos sobrecogedores acantilados.

6 Tamadaba
El pico de Tamadaba está a media hora a pie de la casa forestal del pinar de Tamadaba *(ver p. 43)*. Por encima de las copas de los pinos se ve Artenara, Tenerife y a veces La Gomera.

7 Barranco de Fataga
Mirador bien equipado con un restaurante y privilegiadas vistas del barranco.

8 Cima Pedro González
La presa de Ayagaures y su bonita aldea se divisan al final del barranco.

9 Cruz Grande
Este mirador domina el barranco de Tederas y el bosque de Pilancones *(ver p. 42)*.

10 Los Pinos de Gáldar
Este imponente cráter alberga una gran masa de pinos canarios.

En la isla no abundan las gasolineras, por lo que es preferible llenar el depósito antes de salir de excursión.

Izquierda **Palmitos Park** Derecha **Parque acuático Aqualand Maspalomas**

TOP 10 Gran Canaria para niños

1 Palmitos Park

El barranco de Chamoriscán constituye un maravilloso entorno para este paraíso tropical, que alberga monos, reptiles e incontables aves exóticas. Ofrece espectáculos de loros ciclistas y enormes aves rapaces. También dispone de un acuario, una exposición de mariposas y una enorme jaula de aves. En una pequeña granja, los niños pueden acariciar animales muy bien cuidados *(ver p. 95)*.

2 Sioux City, San Agustín

A los niños les encantará pasar un día en el Lejano Oeste, con atracos a bancos, estampidas de ganado y tiroteos repentinos incluidos. Los viernes por la noche se organizan barbacoas; los adultos pueden entrar al *saloon* a ver los números de baile mientras los niños asisten a espectáculos de lazo vaquero. ✆ *Cañón del Águila • Mapa D6 • 928 762 573 • Horario: 10.00-17.00 ma-do (y 20.00-24.00 vi) • Se cobra entrada*

3 Museo Elder de la Ciencia y la Tecnología, Las Palmas

Al llegar y ver letreros como "Prohibido no tocar" y "Un museo no es un mausoleo" es fácil adivinar que los niños van a divertirse. Las secciones favoritas son el simulador de vuelo, el estudio de televisión y el cine Imax. También hay una zona recreativa científica para niños de tres a seis años *(ver pp. 36 y 66)*.

Sioux City

4 Parques acuáticos

Aqualand Maspalomas, el parque acuático más grande de la isla, cuenta con 33 toboganes. Quienes no quieran alejarse mucho de su alojamiento disponen de parques más pequeños en Puerto Rico y Maspalomas. ✆ *Aqualand Maspalomas: ctra. Palmitos Park, km 3 • Mapa C5 • 928 14 05 25 • www.aqualand.es/maspalomas • Horario: 10.00-17.00 todos los días (10.00-18.00 jul-ago) • Se cobra entrada*

5 Yellow Submarine, Puerto de Mogán

Este submarino ofrece viajes de 45 minutos, a 20 m de profundidad, para ver de cerca la vida marina y un barco hundido. ✆ *Mapa B5 • 928 56 51 08 • Salidas cada hora de 10.00 a 17.00 todos los días • Se cobra entrada*

6 Paseos a caballo

Nada mejor que un paseo a caballo por las montañas o la costa. Hay centros de equitación en San Mateo y Maspalomas. ✆ *Happy Horse • 658 92 52 86*

Yellow Submarine

Cocodrilo Park, Corralillos

7 El parque de cocodrilos más ƞrande de Europa también es un ·efugio para animales amenazados. Aloja a más de 300 cocodrilos, peces canarios y tropicales, reptiles, arañas, loros y una familia de tigres. ✆ GC-104: Ctra. Los Coralillos, km 5 • Ma- pa E4 • 928 78 47 25 • Horario: 10.00-17.00 lo-vi (alimentación cocodrilos: 13.00; espec- áculo de loros: 12.00) • Se cobra entrada

Ballenas y delfines, Puerto Rico

8 Para ver de cerca las ballenas y delfines. Las excursiones en barco parten de Puerto Rico e incluyen un comentario sobre estos animales. ✆ Puerto Base • Plano B5 • 928 56 22 29 • www.dolphin-whale.com

Holiday World

Holiday World, Maspalomas

9 Tiovivos, coches de choque y montaña rusa para niños además de bares y discoteca para adultos. ✆ Avda Touroperador Tui • Plano D6 • 928 73 04 98 • Horario: 18.00-24.00 todos los días (verano), 17.00-23.00 do-ju, 17.00-24.00 vi-sá (invierno) • Se cobra entrada

Karts y minimotos

10 Buena diversión para toda la familia, hay desde vehículos para menores de 5 años hasta *karts* y minimotos que alcanzan 80 km/h. ✆ Gran Karting Club: Ctra. General del Sur, km 46 • Mapa E5 • 928 15 71 90 • http://grancanaria.grankarting.com • Horario: 11.00-22.00 (21.00 en invierno) todos los días • Se cobra entrada

Los 10 consejos para familias

1 Sol
Conviene usar cremas con factor de protección 20 o mayor y evitar el sol en las horas centrales.

2 Entradas
Los menores de 12 años suelen pagar la mitad y los menores de 5 años no pagan. También hay entradas familiares.

3 Playas
Se recomienda evitar la costa norte y optar por las tranquilas aguas de las Canteras y Arguineguín.

4 Coches de alquiler
Si se necesita un asiento infantil hay que solicitarlo con antelación (las compañías pequeñas suelen disponer de un número limitado).

5 Sitios tranquilos
Como alternativas a los centros turísticos se sugieren los parques de las ciudades y los paseos a caballo por las montañas.

6 Barcos
Las opciones más entretenidas son los barcos con fondo transparente y los deportivos.

7 Alojamiento
Una cama extra para un menor de 12 años suele costar la mitad. Por lo general, las cunas son gratuitas.

8 Canguros
Muchos de los hoteles de Canarias pueden facilitar el servicio de canguros.

9 Restaurantes
Pocos restaurantes sirven raciones infantiles.

10 Pueblos tranquilos
Los centros de localidades como Teror, Firgas y Agüimes están cerrados al tráfico y se pueden recorrer a pie sin peligro.

Izquierda **Cabalgata de los Reyes Magos** Derecha **Fiesta de la Virgen del Pino**

TOP 10 Festividades

1 Cabalgata de los Reyes Magos

Melchor, Gaspar y Baltasar recorren las calles de la capital en sus dromedarios lanzando caramelos a los niños, que más tarde abrirán sus regalos. Las tiendas amplían sus horarios hasta las 2.00 para las compras de última hora. Las calles y bares del barrio de Triana viven un gran ambiente de fiesta. *5 ene, Las Palmas*

2 Carnaval

Los canarios ponen a punto sus mejores disfraces, se preparan para largos días de murgas, comparsas y desfiles y coronan a la mejor *drag queen*. La fiesta culmina con el entierro de la sardina, en el que todos los protagonistas vierten lágrimas ficticias porque la diversión se acaba hasta el año que viene. Las celebraciones más conocidas tienen lugar en Las Palmas y Maspalomas. *Mar-abr*

Carnaval

3 Semana Santa

En Gran Canaria, la Pascua se celebra con solemnes procesiones. El Viernes Santo, las mujeres de Las Palmas vistes trajes típicos y pasean una imagen de Cristo sobre alfombras rojas en el barrio de Vegueta. El Domingo de Resurrección hay procesiones similares en muchas localidades de la isla, aunque no alcanzan la emotividad de otros lugares de la España peninsular. *Mar-abr*

4 Día de Canarias

Aunque es relativamente nueva, esta conmemoración de la autonomía canaria tiene un gran seguimiento popular. Los isleños visten trajes típicos, hacen sonar los timples (pequeñas guitarras tradicionales) y bailan como hacían sus ancestros. En todas partes se come y se bebe sin freno. Es una buena ocasión para visitar la isla. *30 may*

5 Fiesta de San Juan

Los más atrevidos saltan hogueras. También se tiran naranjas al mar con un telón de fondo de fuegos artificiales. La llegada del verano se celebra con entusiasmo en la playa de las Canteras, Arucas y Telde. La fiesta coincide con la conmemoración de la fundación de Las Palmas, por lo que la celebración en la capital es aún más impresionante. *23 jun, víspera de San Juan, Las Palmas y otros lugares*

Fiesta de San Juan

6 Corpus Christi
La tradición de componer alfombras con pétalos de flores se ha perdido en muchos lugares de España, pero sigue muy arraigada en la cultura canaria. No hay que perderse la enorme alfombra floral de la catedral de Las Palmas: es una verdadera obra de arte.
Jun, Las Palmas y otros lugares

7 Bajada de la Rama
Los isleños siguen celebrando este colorista ritual prehispánico con una procesión y golpeando el agua del mar con ramas de pino.
4-5 ago, Agaete y Puerto de las Nieves

Bajada de la Rama

8 Fiesta de la Virgen del Pino
El bello pueblo de Teror es el escenario de esta gran fiesta en honor a la patrona de la isla (*ver pp. 22-23*). *8 sep, Teror*

9 Fiestas del Charco
Los participantes en esta celebración de origen guanche recorren las turbias aguas del Charco para capturar peces con sus propias manos. *11 sep, Puerto de la Aldea*

10 Romerías
Da la impresión de que siempre es fiesta en algún lugar de esta bonita isla de Gran Canaria. Cada localidad disfruta teniendo su propia romería, a menudo acompañada de danza folclórica y comida tradicional.
Todo el año

Los 10 festivales contemporáneos

1 Festival de Ópera, Las Palmas
El auditorio Alfredo Kraus ofrece un completo programa de óperas. *Mar-jun*

2 Festival de Cine, Las Palmas
Una semana de cine comercial e independiente en varias salas de la capital. *Marzo*

3 Masdanza, Maspalomas
Festival de danza contemporánea con actuaciones y talleres. *Octubre*

4 Fiesta del Queso, Guía
Degustaciones de queso acompañadas de actos culturales. *Abr-may*

5 Día del Orgullo Gay, Maspalomas
Exposiciones, recaudación de fondos y un gran desfile para promover la igualdad de derechos. *Mayo*

6 Feria del Caballo, Valsequillo
Este festival es la celebración agrícola más importante de la isla. *Mayo*

7 Festival Folclórico Internacional, Ingenio
Músicas y danzas del mundo en un festival multicultural. *Julio*

8 Jazz & Más, Las Palmas
La capital se convierte en un escaparate de jazz internacional, con multitud de conciertos al aire libre *Julio*

9 Traída del Agua, Lomo Magullo
Gran guerra de agua con varios siglos de antigüedad. *Primera quincena agosto*

10 Traída del Barro
Los asistentes a esta fiesta en La Atalaya hacen heno en arcilla. *Julio*

Izquierda **Mercado de Santa Brígida** Derecha **Centro comercial El Muelle, Las Palmas**

TOP 10 Compras

1 Mercadillo de San Mateo

En el mejor mercado rural de la isla se venden excelentes productos de la tierra y artesanía local, en especial artículos de mimbre y piel. Se recomienda probar las aceitunas y el pan de millo. *Detrás de la estación de autobuses • Mapa D3 • Horario: 8.00-20.00 sá, 8.00-15.00 do*

2 Mercadillo de Santa Brígida

Este famoso mercado agrícola es el mejor lugar para llenar la cesta del almuerzo. Además de frutas y verduras de las huertas locales hay quesos de primera categoría y pan recién hecho. También se puede comprar juguetes de madera para los pequeños y buenos cayados para caminar por las montañas. *Bajo el parque municipal • Mapa E3 • Horario: 8.00-20.00 sá, 8.00-14.00 do*

3 Mercado de Teror

Este mercado está dedicado a los artículos religiosos, aunque también se puede comprar dulces y aceitunas. En tiempos recientes se han instalado puestos más modernos que venden ropa, juguetes y aparatos eléctricos baratos. *Plaza del Pino • Mapa D2 • Horario: 8.00-14.00 do*

Tienda Artesanía Canaria Las Palmitas

Mercado dominical de Vegueta

4 Mercado dominical de Vegueta

Los artesanos se reúnen en las pintorescas calles traseras de la catedral para vender cerámica, ropa, comida y otros productos artesanos, todos de primera calidad. Se puede tomar un refrigerio en cualquiera de los bares improvisados y contemplar las danzas folclóricas. *Plaza del Pilar • Mapa M5 • Horario: 10.00-15.00 do*

5 Museo de Piedras y Artesanía, Ingenio

Es el mejor lugar de la isla para comprar artesanía y ver a los artesanos manos a la obra. Se venden bordados locales, manteles, servilletas, mantas y artículos artesanos de otras islas del archipiélago. *Camino Real de Gando 1 • Mapa E4 • Horario: 8.00-18.30 lu-sá, 8.00-12.00 do*

6 Centros comerciales, Las Palmas

El Muelle y Las Arenas son los dos centros comerciales mejor equipados de la capital, con tiendas y restaurantes. Las tiendas de El Muelle son más caras que las de Las Arenas, pero este último centro ofrece una mayor variedad de cafés y restaurantes, además de cines y discotecas *(ver p. 69)*.

7 Tienda Artesanía Canaria Las Palmitas, Vegueta

Cerámica y otros objetos artesanales se venden en esta tienda de recuerdos que se encuentra en el corazón del casco antiguo *(ver p. 69)*.

8 Calle Mayor de Triana, Las Palmas

Los edificios modernistas que flanquean la calle comercial más exclusiva albergan sucursales de cadenas como Benetton y Marks & Spencer. En las bocacalles adoquinadas se encuentran las boutiques y tiendas especializadas. *Plano L4*

Calle Mayor de Triana

9 Vecindario

La tercera ciudad más grande de Gran Canaria tiene dos amplios centros comerciales y una calle de 3 km con tiendas y grandes almacenes. En el parque de la Era de Verdugo hay una tienda de artesanía. *Plano E5*

10 El Molino, Las Rosas

Tras visitar la pequeña capilla se puede comprar productos de la tierra, cestas, cigarros artesanos y, sobre todo, manteles bordados. *GC-191 • Mapa F4*

Los 10 regalos característicos

1 Cuchillos
En Gáldar y Santa María de Guía todavía se fabrican a mano los tradicionales *naifes* de hoja larga.

2 Encajes y bordados
En Ingenio se venden bonitos manteles, salvamanteles y blusas.

3 Cerámica
La única tradición guanche que ha sobrevivido es la cerámica artesana. Los alfareros de La Atalaya, Hoya de Pineda y Juncalillo todavía moldean sin torno.

4 Mojo
Conviene llevarse al menos dos tarros de esta rica salsa: uno de picón y otro de verde *(ver p. 61)*.

5 Timples
Este pequeño instrumento de cinco cuerdas es el símbolo musical de la isla. Algunos artesanos siguen fabricando timples a mano.

6 Ron con miel
Si el ron a secas resulta demasiado fuerte, se recomienda probar este dulce licor.

7 Pintaderas
Las reproducciones de estos sellos de cerámica guanches son un original regalo.

8 Café de Agaete
El fuerte café que se cultiva en el valle de Agaete se vende en toda la isla.

9 Aloe vera
Esta planta medicinal abunda en la isla y en muchos lugares se venden cosméticos y productos derivados de la misma.

10 Trajes típicos
La indumentaria tradicional isleña es muy vistosa y puede ser un buen regalo.

Izquierda **Cuartel de El Colmenar, Valsequillo** Derecha **Casa de Colón, Las Palmas**

TOP 10 Edificios históricos

Gabinete Literario, Las Palmas

1 Gabinete Literario, Las Palmas

La grandiosa fachada llama la atención, pero hay que ver el interior de esta obra maestra del modernismo para apreciar su esplendor. Su rica y exquisita ornamentación de estilo renacentista lo distingue de otros edificios de la capital. Fue el primer teatro de la ciudad y ahora alberga un centro cultural de primera categoría. *Plaza de Cairasco • Plano L5*

2 Casa de los Quintana, Santa María de Guía

Sólo la presencia de una cabra y un plato de gofio podría dar un aspecto más canario a esta casa. Un pequeño drago es la seña de identidad de este pintoresco edificio del siglo XVII, con un fabuloso balcón. Fue la residencia del primer alcalde de la localidad y conserva su escudo familiar. *Plaza Mayor de Guía • Mapa C1*

3 Castillo de la Luz

El mejor y más antiguo ejemplo de arquitectura militar de la isla data de mediados del siglo XVI y desempeñó un gran papel en la época de los ataques piratas. *Plano Q1*

4 Heredad de Aguas, Arucas

Sin su sofisticado sistema de riego, los habitantes de Arucas no habrían podido disfrutar de la prosperidad que trajo el azúcar de caña. Hoy el principal cultivo es el plátano, pero las acequias no han perdido su importancia y lo apropiado es disponer de un gran edificio de administración de aguas. Se terminó en el siglo XX y está coronado por una elegante cúpula. *La Heredad 1 • Mapa D2*

5 Cuartel de El Colmenar, Valsequillo

Este bello ejemplo de arquitectura canaria era en su origen un cuartel de la caballería. Se construyó en 1530 y opta al título de edificio más antiguo de Gran Canaria. *Colmenar Bajo • Mapa E3*

6 Casa Condal, Juan Grande

Este popular centro de eventos, la antigua residencia del conde de Vega Grande, del siglo XVI, no se puede negar que fue un edificio espléndido. Se trata de una casa baja enjalbegada, con cubierta de tejas rojas. Al lado hay una iglesia que data del mismo siglo y cuya restauración le ha devuelto su antiguo esplendor. *GC500 • Mapa E5*

Castillo de la Luz

7 Teatro Pérez Galdós, Las Palmas

Queda poco de la estructura original del siglo XIX que fue pasto de las llamas. El edificio actual es resultado del proyecto de restauración iniciado a principios del siglo XXI por los arquitectos Marcos Roger Berghänel y Carlos Díaz. ✆ *Plaza de Stagno 1 • Plano M5 • www.teatroperezgaldos.es*

8 Molinos de viento, La Aldea de San Nicolás

En la carretera que sale del pueblo hacia la costa hay dos bonitos molinos construidos en el siglo XIX. El molino de agua de la carretera de Artenara todavía funciona y se ha convertido en un delicioso alojamiento rural. ✆ *Mapa B3*

Molino de viento, La Aldea de San Nicolás

9 Casa de los Patronos de la Virgen, Teror

Bello ejemplo de arquitectura canaria, con un patio interior y vetustos balcones de madera *(ver p. 20)*.

10 Casa de Colón, Las Palmas

Aunque está muy restaurado, este exquisito edificio conserva vestigios de su estructura del siglo XV. A partir de 1940 se le unieron varias dependencias remodeladas en estilo neocanario para albergar el museo dedicado a Cristóbal Colón *(ver pp. 8-9)*.

Los 10 edificios modernos

1 Auditorio Alfredo Kraus, Las Palmas
Obra maestra de Oscar Tusquets con vistas al mar *(ver p. 65)*.

2 Palacio de Congresos, Maspalomas
El cubo que parece estar a punto de caerse detrás de este edificio circular de cristal es un centro de conferencias. ✆ *Plaza de las Convenciones • Mapa D6*

3 Iglesia del S. Corazón de Jesús, Balos
Su tejado asimétrico y sus vidrieras monocromas son todo menos tradicionales. ✆ *Mapa E4*

4 Comisaría de Policía, Las Palmas
Sorprendente torre multicolor. ✆ *Alcalde José Ramírez Bethencourt • Plano J4*

5 El Muelle, Las Palmas
Este premiado centro comercial modernista abrió en 2003 *(ver p. 69)*.

6 AC Hotel, Las Palmas
Este edificio cilíndrico de 13 plantas se ilumina por la noche. ✆ *Eduardo Benot 3 • Plano P2*

7 Urbanización turística, Puerto de Mogán
Complejo turístico blanco, cubierto de buganvillas. ✆ *Mapa B5*

8 Gobierno de Canarias, Las Palmas
Esta atractiva estructura encaja en el entorno. ✆ *León y Castillo 57 • Plano H3*

9 Biblioteca Pública del Estado, Las Palmas
Este edificio asimétrico se construyó en 2002. ✆ Avda Marítima • *Plano K5*

10 Cabildo Insular, Las Palmas
El mejor ejemplo de arquitectura racionalista española en la isla. ✆ *Bravo Murillo • Plano L4*

Izquierda **Restaurante Jardín Canario, Tafira Alta** Derecha **R. Tagoror, barranco de Guayadeque**

TOP 10 Restaurantes

1 Restaurante Tagoror, barranco de Guayadeque

Aunque está en la ruta turística, su cocina se mantiene fiel a los orígenes (y los precios también). Varios túneles conectan los comedores, todos excavados en la ladera de la montaña. En la carta figuran todos los clásicos canarios y destacan el gofio, el chorizo local y el cabrito. *Montaña Las Tierras 21 • Mapa E4 • 928 17 20 13 • €€*

2 Restaurante Jardín Canario, Tafira Alta

Este excelente restaurante, con vistas al jardín Botánico Canario *(ver pp. 14-15)*, convierte la cocina canaria en un asunto de *gourmets*. *Jardín Botánico Canario (entrada superior, GC-110) • Mapa E2 • 928 35 52 45 • €€€*

3 Dedo de Dios, Puerto de las Nieves

En este restaurante sirven marisco fresco. Se recomienda pedir una mesa junto a la ventana y disfrutar de las vistas. Los fines de semana se debe reservar. *Puerto de las Nieves 10 • Mapa B2 • 928 89 85 81 • Cerrado martes • €€*

4 De Cuchara, Las Palmas

Este establecimiento familiar ofrece una refrescante mezcla de clásicos canarios y platos nacionales e internacionales. Entre los postres destacan los huevos mole, una delicia local. *Alfredo L. Jones 37 • Plano P2 • 928 26 55 09 • Cerrado lunes • €€€*

5 Casa Fernando, Soria

Como unos genuinos emprendedores, los propietarios de Casa Fernando han convertido su garaje en un pintoresco restaurante, situado cerca de la imponente presa de Soria. La fórmula es comida contundente a buen precio. No falta ningún clásico canario. Excelente *ropa vieja*. *Presa de Soria • Mapa C4 • 928 17 23 46 • Cerrado domingos • €*

Restaurante El Oroval, Agüimes

6 Restaurante El Oroval, Agüimes

Agüimes es un pueblo encantador y merece un restaurante como éste, ubicado en el hotel Casa de los Camellos. Además de cabrito, conejo y *carajacas* (picadillo de hígado en salsa) hay pescado, verduras a la parrilla y quesos del lugar. Los postres son famosos. *El Progreso 12 • Mapa E4 • 928 78 50 03 • Cerrado domingos cena y lunes • €€€*

Asador Grill Yolanda, Cruz de Tejeda

Precios **ver p. 71**

7 Asador Grill de Yolanda, Cruz de Tejeda

El servicio más amistoso y las raciones de carne más abundantes de la isla. El interior rústico es acogedor, sobre todo en invierno. Hay que probar las croquetas de morcilla dulce, especialidad de la casa y mucho más sabrosas de lo que su nombre sugiere. *Cruz de Tejeda • Mapa D3 • 928 66 62 76 • €€€*

8 Restaurant El Puertillo, El Puertillo

En este restaurante sirven platos de pescado fresco. Disfrute de las croquetas de gofio y berros junto con la hospitalidad de la familia Hormiga. *Paseo de El Puertillo • Mapa D1 • 928 62 75 377 • €€€*

Casa de Galicia, Las Palmas

9 Casa de Galicia, Las Palmas

Cocina gallega como ostras y pulpo. Casa Galicia es uno de los mejores restaurantes de pescado de la capital. De postre se recomienda la tarta de almendra. *Salvador Cuyás 8 • Plano P2 • 928 27 98 55 • €€€*

10 Acaymo, Mogán

No hay que dejarse desanimar por el deslucido exterior. Este restaurante, muy popular entre lugareños y turistas, ofrece platos sabrosos y vistas impresionantes. Se recomienda el potaje. *El Tostador 23 • Mapa B4 • 928 56 92 63 • Cerrado domingos cena • €€*

Las 10 especialidades canarias

1 *Ropa vieja*
Este guiso de garbanzos empezó siendo una manera de aprovechar sobras y se convirtió en un plato tradicional.

2 Papas arrugadas
El acompañamiento imprescindible: patatas pequeñas cocidas con piel en agua salada.

3 Mojo
Esta salsa pródiga en ajo se usaba para disfrazar la mala comida. El mojo picón va bien con carnes y patatas, mientras que el verde combina mejor con el pescado.

4 Gofio
Esta mezcla de maíz, cebada o trigo se sirve de muchas maneras. Probablemente sea la única herencia gastronómica de los guanches.

5 Bienmesabe
Esta dulce crema de almendras, miel y azúcar suele servirse con helado. También se denomina bienmesabe a un pastel con los mismos ingredientes.

6 Potaje de berros
Sabroso guiso de berros, verduras y, en ocasiones, carne. Cada casa tiene su receta.

7 Flor de Guía
Este queso se hace con leche de cabra u oveja y flor de cardo.

8 Chorizo de Teror
A los lugareños les encantan los bocadillos de este chorizo bien condimentado.

9 Carne de cabra
La base de la alimentación guanche sigue siendo la estrella de las mesas canarias.

10 Bizcocho
Ligero, tierno y esponjoso, aunque también hay una versión crujiente.

Más restaurantes **ver pp. 71, 79, 85, 91 y 99**

RECORRIDOS POR GRAN CANARIA

Izquierda **Playa de Las Canteras** Derecha **Auditorio Alfredo Kraus**

Las Palmas

LA HISTORIA DE LAS PALMAS *de Gran Canaria empieza el día en que Juan Rejón desembarcó en la Isleta y estableció el primer asentamiento* (ver p. 34). *El desarrollo inicial fue lento, pero la llegada de Cristóbal Colón, el incremento del tráfico marítimo y, como consecuencia, la construcción del puerto convirtieron el lugar en un próspero enclave comercial. Hoy es la ciudad más grande de Canarias y, aunque comparte la capitalidad del archipiélago con Santa Cruz de Tenerife, es la única urbe canaria con una marcada atmósfera metropolitana. Su heterogénea población refleja su carácter de encrucijada entre África, Europa y América. Marroquíes con atuendos tradicionales fuman narguiles junto a suramericanos y europeos del norte. Además de ser un paraíso para adictos a las compras, Las Palmas cuenta con frondosos suburbios, tranquilas calles adoquinadas y una de las mejores playas urbanas del mundo: las Canteras.*

Las Palmas de noche

Lugares de interés

1. Playa de las Canteras
2. Auditorio Alfredo Kraus
3. Casa de Colón
4. Catedral de Santa Ana
5. Guagua turística
6. Museo Elder de la Ciencia y la Tecnología
7. Triana
8. Museo Néstor
9. Vegueta
10. Museo Canario

1 Playa de las Canteras

Pocas ciudades cuentan con una playa así: 3 km de fina arena entre un ancho paseo marítimo y el océano Atlántico. Los surfistas se concentran en el extremo oeste, en una zona conocida como la Cicer. Aquí la arena es negra, pero a medida que se avanza hacia el este se va aclarando hasta tornarse dorada. El mar, protegido por un gran arrecife, parece un lago. Los lugareños suelen ir al *ascensor,* un punto del arrecife frente a Playa Chica, donde el oleaje sube a los nadadores a las rocas sin esfuerzo; el lugar es fácilmente reconocible por la multitud de jóvenes que se congrega. *Plano N2*

2 Auditorio Alfredo Kraus

A pesar de ser moderno, este bello edificio es uno de los emblemas de la ciudad. Se alza en un muelle, en el extremo oeste de la playa de las Canteras. Acoge eventos culturales, como la temporada de ópera, el festival de cine y el festival de jazz, y ofrece unas impresionantes vistas del océano. *Avda. Príncipe de Asturias s/n • Plano G3 • 928 49 17 70 • www.auditorioalfredokraus.com • Visitas con guía: para grupos • Se cobra entrada*

3 Casa de Colón

Este interesante museo está dedicado a los viajes de Cristóbal Colón a través del Atlántico y su repercusión en las islas Canarias. También cuenta con secciones

Catedral de Santa Ana

sobre las culturas precolombinas y la historia de Las Palmas. La exposición está alojada en una casa canaria perfectamente restaurada *(ver pp. 8-9).*

4 Catedral de Santa Ana

La enorme catedral y el anejo Museo de Arte Sacro contienen importantes pinturas y esculturas, incluidas dos excepcionales obras de José Luján Pérez *(ver pp. 10-11).*

5 Guagua turística

El clima de Gran Canaria es ideal para dar un paseo en un autobús con el techo descubierto. La ruta se inicia en el parque de Santa Catalina y pasa por el castillo de la Luz, la avenida de José Mesa y López, el auditorio Alfredo Kraus, el parque Doramas, la avenida Marítima y la parte alta de la ciudad, con sus bonitas vistas *(ver p. 68).* Los pasajeros pueden subirse y bajarse donde y cuando quieran. Las calles de Vegueta son demasiado pequeñas para el autobús, pero hay una parada muy cerca. Se trata de una manera excelente de ver la ciudad en un día. *Parque de Santa Catalina • Plano P3 • 928 30 5800 • www.citysightseeing.com/en/tours/spain/laspalmas-de-gran-canaria.htm • Horario: 9.30-17.30 todos los días (salidas cada 30 minutos) • Se cobra entrada • Sin acceso para discapacitados*

Casa de Colón

En verano se cierne sobre la ciudad una gran nube conocida popularmente como panza de burro.

Puerto franco

Desde su construcción, el puerto de la Luz es zona franca. De hecho, los bajos impuestos, las indulgentes normas aduaneras y su posición estratégica hacen que su tráfico sea de unos 7 millones de toneladas anuales. Los animados muelles dan a la ciudad un aire cosmopolita: cargueros rusos y coreanos se alternan con cruceros europeos.

6 Museo Elder de la Ciencia y la Tecnología

Mientras los niños disfrutan de las múltiples muestras interactivas, los adultos pueden descubrir cómo se elabora la cerveza, cuánto pesarían en Marte o si su oído y su frecuencia cardiaca son normales. Es un buen lugar para pasar unas horas, sobre todo si se pone a llover en la ciudad. *Parque de Santa Catalina • Plano P2 • 928 01 18 28 • www.museoelder.org • Horario: 10.00-20.00 ma-do • Se cobra entrada*

7 Triana

Poco después de la conquista española, el asentamiento de Vegueta se quedó pequeño para la creciente población de la isla y se extendió por el barranco de Guiniguada. Hacia el siglo XIX, el vecino barrio de Triana ya contaba con algunos de los mejores edificios y un gran teatro. Por aquel entonces, sólo la elite de la ciudad podía permitirse el lujo de comprar en la elegante calle Mayor; hoy las boutiques exclusivas se alternan con tiendas más asequibles. En las calles laterales se encuentran los verdaderos tesoros, en especial las tiendas de artesanía y los bares de tapas. Pero Triana ofrece algo más que compras; por ejemplo, la exquisita arquitectura del Gabinete Literario *(ver p. 58)*, el teatro Pérez Galdós *(ver p. 59)* y la ermita de San Telmo *(ver p. 39)*.

Calle Mayor de Triana

Museo Néstor

8 Museo Néstor

El artista grancanario Néstor Martín Fernández de la Torre es conocido como pintor modernista, pero sus coloridas obras también evidencian influencias del prerrafaelismo y el simbolismo. La construcción del edificio de estilo neocanario que alberga esta galería fue un proyecto conjunto del artista y su hermano Miguel, arquitecto. Además de los famosos *poemas* (enormes pinturas que ocupan ocho paneles cada una), el museo muestra intensos esbozos de representaciones teatrales. Hacia el final de su vida, el artista pintó rincones escondidos de su amada isla en un estilo que él llamaba tipismo *(ver p. 36)*. *Pueblo Canario • Plano J4 • 928 24 51 35 •*

Plaza del Espíritu Santo, Vegueta

www.laspalmasgc.es/mnestor.com
• Horario: 10.00-19.00 ma-sá, 10.30-14.30 do y festivos • Se cobra entrada

9 Vegueta

Es imprescindible dar un paseo por las calles adoquinadas del barrio más antiguo de la capital, sobre todo para admirar su variada arquitectura. Por desgracia, los piratas destruyeron en el siglo XVI gran parte del pueblo establecido tras la conquista española, pero queda mucho que ver. Abundan los balcones, tanto los de madera típicos de la arquitectura canaria como los de hierro forjado propios del modernismo. Por supuesto, lo más distinto del barrio es la catedral *(ver pp. 10-11)*, pero no hay que limitarse a visitar esta gigantesca construcción.
Plano M5

10 Museo Canario

Este museo contiene la mayor colección de objetos guanches del archipiélago y ofrece una fascinante inmersión en esta cultura aborigen. Se trata de una buena introducción para quienes se propongan visitar los asentamientos guanches de la isla *(ver pp. 12-13)*.

Pasado y presente de Las Palmas

Mañana

Cualquier recorrido por la capital debe empezar por el origen: el barrio de Vegueta. Desde el **Palacio de Justicia,** en la avenida Marítima, se puede entrar en el casco antiguo por un callejón que avanza por la derecha de los juzgados (sólo queda una torre del edificio original, del siglo XVII). Tras pasar bajo el impresionante arco de piedra de la iglesia jesuita de San Francisco de Borja, se llega al interesante **Museo Canario.**

Desde el museo hay que dirigirse a la **plaza y la ermita del Espíritu Santo** y luego dar la vuelta hacia la **catedral;** detrás se encuentran la maravillosa **Casa Museo de Colón** y la **ermita de San Antonio Abad.** Cerca hay dos excelentes restaurantes: Cho Zacarías y Casa Montesdeoca; para comer barato se recomienda el concurrido mercado de Vegueta.

Tarde

Después del almuerzo se puede pasear por la calle Mayor de Triana, hacer algunas compras y admirar los llamativos edificios. Al norte se encuentra el parque de San Telmo, donde se puede coger una guagua para atravesar la ciudad, a menos que se prefiera dar un paseo de 45 minutos por el paseo marítimo. En la avenida de José Mesa y López hay una sucursal de El Corte Inglés.

La plazoleta de Farray es un buen lugar para tomar un café, una cerveza o unas tapas. La playa se encuentra a tiro de piedra por la calle de Kant. Para terminar el recorrido, nada mejor que un helado casero de Peña la Vieja.

El mercado dominical de Vegueta merece una visita, sobre todo si se aprecia la música folclórica, ya que suele haber espectáculos.

Izquierda **Casa Museo Pérez Galdós** Derecha **Pueblo Canario**

Top 10 Y además...

1 Playa de las Alcaravaneras

Su situación cercana al puerto y, en consecuencia, la escasez de bañistas hacen de esta playa un buen lugar para practicar deportes acuáticos como la vela. *Plano J3*

2 Casa Museo Pérez Galdós

El novelista Benito Pérez Galdós fue uno de los grancanarios más insignes. La encantadora casa donde pasó su niñez, en el barrio de Triana, es ahora un museo. *C/Cano 6 • Plano L5 • 928 36 69 76 • www.casamuseoperezgaldos.com • Horario: 10.00-14.00 y 16.00-20.00 ma-vi, 10.00-14.00 sá-do (sólo visitas con guía cada hora) • Gratis*

3 Castillo de la Luz

Esta fortaleza del siglo XVI ofrece vistas de un parque infantil. Se encuentra en un pequeño parque, junto a un café que sirve comida sabrosa y económica. *Juan Rejón s/n • Plano Q1*

4 Las Coloradas

Mucha gente viene a comer marisco y pescado a este barrio, situado al norte de las Canteras. Desde la montaña se obtiene una extraordinaria panorámica del istmo. *Mapa E1*

5 Parque Doramas

El parque más bonito de la ciudad lleva el nombre del jefe guanche que rehusó someterse a los españoles. Tiene muchas instalaciones para niños y un pequeño café-terraza para los padres. *Emilio Ley • Plano J4*

6 CAAM

Desde fuera, el Centro Atlántico de Arte Moderno es sólo un edificio neoclásico más. Dentro, el espacio más moderno de Vegueta acoge esculturas, pinturas e instalaciones audiovisuales contemporáneas. *Los Balcones 11 • Plano M5 • 902 31 18 24 • www.caam.net • Horario: 10.00-21.00 ma-sá, 10.00-14.00 do • Gratis*

7 Vistas desde Escaleritas

Desde el barrio de Escaleritas se obtienen las mejores vistas de la ciudad. *Plano H4*

8 Muelle Deportivo

El puerto deportivo reúne a navegantes de todo el mundo; es una escala habitual para los que se dirigen al sur de África o cruzan el Atlántico. *Plano J3*

9 Ciudad Jardín

A medida que se entra en este vecindario, los feos rascacielos de la zona empresarial de Las Palmas dan paso a grandiosas mansiones, en su mayoría construidas por británicos en el siglo XIX y principios del XX. *Plano H3*

10 Pueblo Canario

Este pueblo canario en miniatura, construido a mediados del siglo XX, es un buen lugar para degustar cocina local, comprar artesanía o admirar la obra de Néstor de la Torre *(ver p. 36)*. *Francisco González Díaz • Plano J4 • Horario: 10.00-24.00 ma-sá, 10.30-17.00 do*

:quierda **El Corte Inglés** Derecha **FEDAC**

10 Compras

1 Calle Mayor de Triana

Aunque la avenida de José Mesa y López pugna por arrebatarle el puesto, la calle Mayor de Triana sigue siendo la primera vía comercial de la ciudad. *Plano L4*

2 El Corte Inglés

Si no encuentra lo que busca en estos grandes almacenes, es que no existe. Tiene dos sucursales en la avenida de Mesa y López y una tercera en el centro comercial 7 Palmas. *Plano P3*

3 FEDAC

Los mejores artesanos de la isla venden sus productos en esta tienda del barrio de Triana, gestionada por el Cabildo. Éste no percibe ninguna ganancia, ya que los ingresos van directamente a los artesanos. *Domingo J. Navarro 7 • Plano L4*

4 Artesanía Santa Catalina

Es un buen lugar para comprar recuerdos típicos canarios. La especialidad es la cerámica, pero también se vende comida, productos derivados del aloe y bordados. *Ripoche 4 • Plano P3*

5 La Librería

Cualquier aspecto de la cultura canaria, desde la historia hasta la flora insular, está documentado en la librería del Cabildo, situada en el barrio de Triana. Aunque hay títulos para todos los gustos, es un lugar indicado para quien desee profundizar en el conocimiento del archipiélago. *Cano 24 • Plano L4*

6 Tienda Artesanía Canaria Las Palmitas

Esta tienda, que apoya a los artesanos locales, es el lugar perfecto para comprar recuerdos. Se puede comprar desde joyas de madera a jarras de barro. *Herrería 7, Vegueta • Plano M5*

7 Centros comerciales

Las Palmas tiene los siguientes centros comerciales. *La Ballena: General del Norte 112. Plano G6 • 7 Palmas: Avda Pintor Felo Monzón s/n (fuera del plano) • Monopol: Plaza de Hurtado Mendoza 1. Plano L5 • El Muelle: Muelle de Santa Catalina. Plano P2 • Las Arenas: Pavía 12. Plano G3 • La Minilla: Pintor Juan Guillermo 6-8. Plano H3 • Tamarana: Avda César Manrique s/n (fuera del plano)*

8 Calle de Ripoche

Quien busque réplicas económicas de los trajes tradicionales canarios puede dirigirse a esta calle, cercana al parque de Santa Catalina. Son los que compran los lugareños para las romerías. *Plano P3*

9 Idiomátika

Su especialidad son los libros en idiomas extranjeros. *Senador Castillo Olivares 52. Plano J5 • Plazoleta de Farray 1. Plano H2 • El Muelle. Plano P2*

10 El Puente

En esta encantadora tienda se encuentran manteles, cerámica y trajes típicos canarios. *Obispo Codina 6 • Plano L5*

Izquierda **Teatro Cuyás** Derecha **Las Brujas**

TOP 10 Vida nocturna

1 Fortuni
Con su diseño retro y estilo contemporáneo, este bar en el corazón de la capital, se ha hecho un nombre por sí mismo. Música en directo, DJs y algunas noches de fiesta bastante loca durante todo el año. *Martínez de Escobar 1 • Plano H2*

2 Charleston Café
Conciertos acústicos y absenta dan a este café un aire bohemio. Atrae a un público relajado. *Buenos Aires 14 • Plano L4*

3 Teatro Cuyás
Si se desea empezar pronto la noche se puede acudir a este moderno teatro, que ofrece obras y música en vivo. También cuenta con un maravilloso restaurante que sirve cocina creativa. *Viera y Clavijo s/n • Plano L4*

4 Cuasquías
Sus techos altos y salas espaciosas ofrecen un soplo de aire fresco. Los fines de semana, a partir de la 1.00, hay conciertos de jazz y música latina. También dispone de mesas de billar. *San Pedro 2 • Plano M5*

5 Tao Club & Garden
Tao tiene un salón *chill-out* (el club) y un restaurante (el jardín). Se recomienda escoger uno de los deliciosos cócteles, buscar un cómodo sofá y relajarse con el sonido ambiente. *Jardines Alonso Quesada s/n • Plano J3*

6 Treinta y Tantos
Como sugiere su nombre, la clientela de este local pasa de la treintena. Bandas locales tocan éxitos españoles y extranjeros, sobre todo de los setenta y ochenta. *José Franchy Roca • Plano P3*

7 Pool Fiction
Equipado con ocho mesas de billar, unos dardos y una televisión de plasma, este sofisticado local detrás de Prague Santa Catalina es ideal para una noche deportiva. *Secretario Artiles 22 • Plano P3*

8 Las Brujas
Fuera de la ciudad, de camino a Tafira, una enorme hacienda rural ha sido convertida en un complejo de ocio nocturno. Se puede dar una vuelta por el recinto, cenar algo en cualquiera de los comedores o, en verano, unirse a los más juerguistas en la piscina. *Barranco Seco • Plano E2*

9 Paper Club
El antiguo La Floridita, favorito entre los noctámbulos mayorcitos, se ha convertido en una de las mejores salas de conciertos de Las Palmas. *Remedios 10-12 • Plano L5*

10 Malecón de la Habana
Uno de los mejores sitios en la ciudad para oír música latina, bailar a ritmo de salsa y escuchar bandas de música cubana en directo. Hasta las 3 de la mañana. *José Franchy Roca • Plano P3*

Pocas discotecas cobran entrada, pero es habitual pagar la primera consumición en la puerta.

Precios		
Una comida de tres platos con media botella de vino (o equivalente), servicio e impuestos incluidos.	€	menos de 20 €
	€€	20-30 €
	€€€	30-40 €
	€€€€	40-50 €
	€€€€€	más de 50 €

Casa Montesdeoca

10 Dónde comer

1 Rías Bajas
La mejor marisquería de la capital. Si la oferta resulta apabullante, se recomienda optar por la paella o el arroz caldoso: ambos platos incluyen una buena variedad de mariscos. ✆ *Simón Bolívar 3 • Plano P2 • 928 27 13 16 • €€€€€*

2 Casa de Galicia
Otro excelente lugar para comer marisco y pescado (junto con el contiguo El Arrosat). Hay que probar el arroz negro con tinta de calamar: sencillamente delicioso. ✆ *Salvador Cuyás 8 • Plano P2 • 928 27 98 55 • €€€€*

3 Tehran
Tehran ofrece auténtica experiencia iraní en cocina, costumbres, decoración e incluso entretenimiento cultural. ✆ *Bernando de la Torre 1 • Plano N3 • 928 22 28 17 • €€€*

4 De Tapa en Tapa
Los clientes se sientan en los acogedores bancos de madera y eligen entre un gran surtido de tapas. Se recomiendan los dátiles envueltos en beicon, la picante *papa bomba* y la tortilla de calabacines. ✆ *Diderot 23 • Plano N3 • 928 49 00 55 • Cerrado domingos • €*

5 Chacalote
Esta acogedora marisquería es más propia de un pequeño pueblo pesquero que de una agitada metrópoli. ✆ *Proa 3 • Plano F2 • San Cristóbal • 928 31 21 40 • €€€*

6 Galia
Excelente cocina francesa en un romántico entorno. La carta ofrece platos de caza imposibles de encontrar en el resto de la isla, como jabalí y venado. También hay avestruz. ✆ *Luis Morote 49 • Plano P2 • 928 22 32 19 • Cerrado domingos y festivos • €€€€€*

7 El Asador Segoviano
La chimenea da calidez a la decoración minimalista de este restaurante, cuya especialidad es el cochinillo asado al estilo segoviano. ✆ *Tomás A. Edison 28 • Plano N3 • 928 22 87 88 • Cerrado domingos cena y martes • €€€*

8 Fuji
Fuji, el primer restaurante japonés de Canarias, ofrece auténticos platos y buen servicio. Se necesita reservar los fines de semana si se quiere disfrutar del delicioso *sushi* y *sashimi*. ✆ *Fernando Guanarteme 56 • Plano N3 • 928 26 13 93 • Cerrado lunes • €€€€*

9 La Alquitara
Insólitos platos como el filete de canguro acompañan a un selecto surtido de tapas y vinos. Menú del día de tres platos a un precio irresistible. ✆ *Domingo J. Navarro 9 • Plano L4 • 928 38 49 59 • €€€*

10 Casa Montesdeoca
Restaurado con mimo al estilo tradicional de Vegueta, ofrece suculentos filetes, pescado fresquísimo y extraordinarios postres caseros. ✆ *Montesdeoca 10 • Plano M5 • 928 33 34 66 • Cerrado domingos y agosto • €€€€*

Más restaurantes **ver pp. 60-61, 79, 85, 91 y 99**

Izquierda **Cenobio de Valerón** Derecha **Piscinas naturales de Dos Roques**

Norte de Gran Canaria

EL NORTE DE GRAN CANARIA *está muy lejos del estereotipo canario. El clima húmedo bendice a los barrancos con un verde tapiz de vegetación y las potentes olas rompen en playas pedregosas. No es un lugar de ensueño para bañistas y aficionados a tomar el sol; sin embargo, les encanta a los senderistas y surfistas. Los turistas más tranquilos pueden vivir toda una experiencia culinaria, tanto si saborean los guisos de carne del interior como si degustan los mariscos y pescados de la costa. En la zona abundan los yacimientos aborígenes y prehispánicos, dado que Gáldar era la capital de la isla antes de la invasión española.*

TOP 10 Lugares de interés

1. **Puerto de las Nieves**
2. **Cueva Pintada, Gáldar**
3. **Casa Museo Antonio Padrón, Gáldar**
4. **Cenobio de Valerón**
5. **Los Tilos de Moya**
6. **Parroquia de Nuestra Señora de la Candelaria, Moya**
7. **Casco antiguo, Santa María de Guía**
8. **Parroquia de San Juan Bautista, Arucas**
9. **Valle de Agaete**
10. **Piscinas naturales**

Puerto de las Nieves

Páginas anteriores **Campo de golf en la caldera de Bandama**

1 Puerto de las Nieves

El creciente número de visitantes no resta carácter al pueblo pesquero más bello del norte de la isla. Lo mejor es dejarse invadir por el sosiego y disfrutar de una divina mariscada frente al puerto *(ver pp. 30-31)*.

Casa en Puerto de las Nieves

2 Cueva Pintada, Gáldar

El campesino de Gáldar que descubrió esta cueva guanche, en el siglo XIX, no podía imaginar la magnitud de su hallazgo. Los arqueólogos han estudiado las sencillas pinturas que decoran sus paredes: pequeños triángulos y cuadrados en tonalidades rojas y marrones. Se trata del conjunto de pinturas guanches más importante que existe. La humedad y el contacto humano empezaron a destruirlas, y el lugar se cerró en la década de 1970 para detener la degradación; ahora ya está abierta al público.

Audencia 2, Gáldar • Mapa C1 • 928 89 54 89 (se necesita reservar) • www.cuevapintada.org

Cueva Pintada

3 Casa Museo Antonio Padrón, Gáldar

Antonio Padrón, nacido en Gáldar en 1920, fue conocido como pintor expresionista, aunque su obra también muestra tendencias fovistas. Retrató el día a día canario, con énfasis en los mitos locales, las costumbres y el folclore. Las obras más familiares de Padrón (junto con algunas pinturas de la década de 1960 que luego rechazó) se exponen en el que fue su estudio.

Drago 2 • Mapa C1 • 928 551 858 • www.antoniopadron.com • Horario: 8.00-15.00 lu-vi • Gratis

4 Cenobio de Valerón

Los graneros no son raros en los asentamientos guanches, pero ninguno es comparable al Cenobio de Valerón. Esta despensa primitiva, ubicada en una cueva natural, tiene unos 300 huecos cuidadosamente excavados en la roca. Aunque varios caminos acceden al lugar en la actualidad, el granero se construyó en un peñasco inaccesible para mantener las provisiones fuera del alcance de posibles ladrones. Los primeros expertos pensaron que se trataba de un convento donde las jóvenes vivían célibes y apartadas de la sociedad, pero esta teoría ha sido descartada.

GC-291, km 21 • Mapa D1 • www.cenobiodevaleron.com • Horario: oct-mar: 10.00-17.00 ma-do; abr-sep: 10.00-18.00 ma-do • Se cobra entrada (gratis menores de 10 años)

5 Los Tilos de Moya

Quizá el único bosque de laurisilva original que se conserva en Gran Canaria no sea tan impresionante como los de las otras islas macronesias, pero es un lugar ideal para pasar un día en la naturaleza. El mayor bosque de laurisilva de las islas Canarias está en La Gomera. Los Tilos de Moya representa un 1% del otrora magnífico bosque de Doramas. Alberga muchas aves y plantas en peligro de extinción y la presencia humana es escasa. *GC-70 y GC-703 • Mapa D2*

Parroquia de Nuestra Señora de la Candelaria, en Moya

6 Parroquia de Nuestra Señora de la Candelaria, Moya

Dado su emplazamiento al borde del barranco de Moya, esta iglesia debió ser construida por valerosos obreros. Se terminó en 1957 y es una desordenada mezcla de torres y tejados de varias alturas. La mejor panorámica se obtiene desde la carretera de Guía (GC-700). *Padre Juanito 9 • Mapa D2 • 928 620 007 • Horario: 18.00-20.00 lu-sá, 11.00-12.00, 18.00-20.00 do • Gratis*

7 Casco antiguo, Santa María de Guía

A primera vista, Guía tiene poco más que ofrecer que una mezcolanza de edificios modernos pegados a una transitada autovía. Pero ocultos en el centro se encuentran una grandiosa iglesia neoclásica y uno de los cascos antiguos más hermosos de la isla. La iglesia, construida a partir de 1607, tiene un reloj donado por el célebre escultor José Luján Pérez, natural de Guía. Su casa natal, señalada con una pequeña placa, está en una bonita calle detrás de la iglesia. Las tranquilas y pintorescas calles del pueblo destilan carácter y sus habitantes están entre los más amistosos de la isla. *Mapa C1*

Acequias

El índice de lluvias en el norte es bastante alto, pero el suelo es muy poroso y absorbe toda el agua, lo que ha obligado a los campesinos locales a construir acequias, pozos, fuentes y molinos de agua. Esta impresionante red hídrica sostiene la agricultura de la zona, sobre todo las plantaciones de plátanos de Arucas. Se puede ver en los alrededores de Valleseco.

8 Parroquia de San Juan Bautista, Arucas

Durante siglos, una pequeña ermita bastó para satisfacer las necesidades espirituales de los habitantes de Arucas. Sin embargo, a medida que el pueblo prosperaba, la población creció y los fieles demandaron un lugar de culto más adecuado. En 1909, la antigua ermita se demolió para hacer sitio a la actual iglesia, un gigantesco edificio neogótico único en las islas Canarias. La construcción duró 60 años, pero los lugareños coinciden en que ha merecido la pena esperar para ver la iglesia más extraordinaria de Gran Canaria. Los diseñadores franceses Maumejean et Frères realizaron en los años veinte las exquisitas vidrieras, consideradas las mejores de la isla. *Párroco Cardenes 2 • Mapa D2 • 928 605 622 • Horario: 9.30-12.30 y 16.30-19.00 lu-vi, 9.30-12.30 y 16.30-21.00 sá, 8.30-13.00 y 16.30-19.30 do • Gratis*

9 Valle de Agaete

Hasta el momento, los mejores ingenieros han fracasado en la tarea de unir el valle de Agaete con el centro de la isla, ya que el profundo precipicio de Tamadaba inhibe cualquier idea de construcción. Tras serpentear por el valle y pasar por remotas aldeas, la carretera se acaba un poco después de Los Berrezales. Plantaciones de frutales y café tapizan el lecho del valle; el pinar de Tamadaba ofrece un formidable telón de fondo, que se eleva varios cientos de metros. Hay un magnífico sendero bien señalizado que conduce a Artenara, pero el recorrido es más asequible si se parte del otro extremo. *GC-231 desde el centro de Agaete • Mapa C2*

Pinar de Tamadaba, en el valle de Agaete

10 Piscinas naturales

Dado que la costa norte se considera peligrosa para los bañistas, algunos ayuntamientos han habilitado piscinas cuyas aguas renueva el mar constantemente. Las más populares son las grandes piscinas de Bañaderos, cerca de la capital, aunque las del extremo norte de la isla ofrecen más tranquilidad. Las piscinas de San Lorenzo disponen de algunas instalaciones; las de Roque Prieto y Dos Roques son las menos concurridas. Hay que tener precaución en las horas de pleamar, ya que las olas y las corrientes suelen ser fuertes. *Bañaderos: Mapa D1 • San Lorenzo: Plano D1 • Roque Prieto: Mapa C1 • Dos Roques: Mapa C1*

Una ruta culinaria

Mañana

Si la mejor manera de conocer un lugar es a través de su cocina, en el norte se descubre Gran Canaria. Una ruta gastronómica podría empezar en **Arucas,** reservando media hora para ver la Parroquia de San Juan Bautista antes de la interesante visita con guía a la fábrica de ron Arehucas, con su correspondiente cata. La GC-300 pasa por algunas aldeas antes de llegar a **Firgas,** en cuyo insólito casco urbano hay un molino de gofio, oportunidad excelente para probar el alimento más canario de todos *(ver p. 61).* Tras atravesar el barranco de Azuaje se llega a **Moya,** cuyos cafés sirven genuinos suspiros (merengues) y bizcochos.

La carretera de Guía bordea el bosque de los Tilos *(ver p. 75);* un recomendable rodeo por la GC-291 conduce al **Cenobio de Valerón** *(ver p. 75).* El sendero a este vestigio guanche ofrece bonitas vistas. Desde aquí se puede tomar la autovía hasta **Puerto de las Nieves** *(ver p. 75),* lugar ideal para comer pescado.

Tarde

De vuelta por la GC-1 se llega a **Gáldar,** donde se halla la cueva Pintada y la Casa Museo Antonio Padrón *(ver p. 75).* La próxima parada de la ruta culinaria es **Santa María de Guía,** donde se puede pasear por el pintoresco casco antiguo y comprar el delicioso queso local. Casa Arturo, en la calle de Lomo Guillén, es el mejor sitio para comprar Flor de Guía *(ver p. 61),* considerado el queso más sabroso de la isla. Para terminar la jornada se sugiere un refrescante baño en las piscinas naturales de **San Lorenzo** o **Bañaderos.**

Conviene evitar las carreteras secundarias durante los meses de invierno, ya que las lluvias fuertes pueden provocar desprendimientos.

Izquierda **Jardín de la Marquesa** Derecha **Túmulo de La Guancha**

TOP 10 Y además...

1 Jardín de la Marquesa, Arucas

Este impresionante jardín botánico rodea una ornamentada mansión del siglo XIX y alberga más de 2.500 especies de flora autóctona y tropical. *GC330, Las Hoyas 2 • Mapa D2 • 928 60 44 86 • Horario: 9.00-13.00, 14.00-18.00 lu-sá • Se cobra entrada*

2 Fábrica de ron, Arucas

La breve visita a esta fábrica concluye con una cata y la oportunidad de comprar ron con descuento. *Era de San Pedro 2 • Mapa D2 • 928 62 49 00 • Horario: 9.00-14.00 lu-vi • Gratis*

3 Centro de Firgas

Para algunos es un lugar anodino, pero Firgas tiene un encantador casco urbano. El foco de atención es el molino, donde se puede comprar gofio recién molido *(ver p. 61)*. *Mapa D2*

4 Casa Museo Tomás Morales, Moya

Este museo, dedicado al poeta local Tomás Morales, ofrece la oportunidad de ver el interior de una casa acomodada del siglo XIX. *Plaza de Tomás Morales • Mapa D2 • 928 62 02 17 • Horario: 10.00-20.00 lu-do • Gratis*

5 Calas recónditas

La costa norte no es célebre por sus playas, pero cuenta con algunas calas tranquilas. Las más bonitas están cerca de Gáldar, aunque la playa de Sotavento, al norte de Puerto de las Nieves, también merece una visita. *Mapa C1, D1, B2*

6 Arquitectura de Gáldar

La insólita iglesia *(ver p. 38)* domina la bella plaza de Gáldar, pero hay otros edificios interesantes, como el ecléctico teatro Municipal, el casino del siglo XIX y el ayuntamiento, cuyo patio alberga el drago más viejo de la isla. *Mapa C1*

7 Túmulo de la Guancha

Esta enorme construcción circular es el túmulo más grande de la isla, con 42 tumbas en torno a un sepulcro central. *Gáldar a la Ctra. de El Agujero • Mapa C1 • 928 21 94 21 ext 4441 • Visitas sólo previa cita • Gratis*

8 Huerto de las Flores, Agaete

Más de 100 especies de plantas tropicales crecen en este pequeño jardín. *Huertas • Mapa C2 • Horario: 9.00-14.00 lu-vi • Gratis*

9 Sardina

La playa de arena fina de este pueblo pesquero se llena los fines de semana, así que es mejor venir los días laborables. *Mapa C1*

10 Finca La Laja, Valle de Agaete

Vale la pena el desvío para visitar esta finca de singular belleza, y probar el vino, el café o las frutas tropicales del valle de Agaete. *Mapa C2 • 628 95 25 88 • Visitas solo previa cita*

Hay que tener en cuenta que puede resultar peligroso bañarse en la costa norte.

Precios

Una comida de tres platos con media botella de vino (o equivalente), servicio e impuestos incluidos.		
	€	menos de 20 €
	€€	20-30 €
	€€€	30-40 €
	€€€€	40-50 €
	€€€€€	más de 50 €

Marisquería Fragata, Sardina del Norte

TOP 10 Dónde comer

1 Marisquería Fragata, Sardina del Norte

Este simpático establecimiento, situado en el paseo marítimo, ofrece clásicos como los calamares y el pulpo. También suele disponer de percebes. *Avda Antonio Rosas • Mapa C1 • 928 88 32 96 • Cerrado domingos cena y miércoles • €€€*

2 Casa Brito, Visvique

Carnes a la barbacoa en un acogedor ambiente rústico. Se recomienda dejar hueco para postres como el arroz con leche o los crepes: están divinos. *Pasaje de Ter 17 • Mapa D2 • 928 62 23 23 • Cerrado domingos cena, lunes y martes • €€€*

3 Locanda El Roque, El Roque

Comida italiana en el extremo de una roca en la costa Moya. Experiencia culinaria que no olvidará fácilmente. *El Roque 58 • Mapa D1 • 928 61 00 44 • €€*

4 Restaurante Dedo de Dios, Puerto de las Nieves

Esta enorme marisquería se llena los fines de semana con comidas familiares. Se recomienda la sopa de pescado. *Ctra General Muelle Viejo • Mapa B2 • 928 89 80 00 • Cerrado martes • €€*

5 El Mirador Del Atlante, GC2

Sencilla comida en este restaurante con vistas al mar, dominado por la escultura El Atalante, en la autovía del norte. *Ctra del Rincón • Mapa E1 • 615 39 12 85 • €€*

6 Las Brasas, Firgas

Las carnes a la barbacoa y el pollo asado atraen a multitud de clientes para saborear cocina casera a buen precio. *Avda. de la Cruz 36 • Mapa D2 • 928 62 52 50 • €*

7 La Cueva, Sardina del Norte

Al contrario que las típicas cuevas-restaurante, consagradas a la carne, aquí la especialidad es el pescado. La iluminación y el mobiliario en tonos suaves dan un ambiente cálido. *Avda. Alcalde Antonio Rosas 80 • Mapa C1 • 928 88 02 36 • Cerrado martes en invierno • €*

8 Casa Pepe, Agaete

La sopa de pescado y las gambas a la parrilla son los platos favoritos de los lugareños asiduos. *Alcalde de Armas Galván 5 • Mapa C2 • 928 89 82 27 • Cerrado miércoles • €€*

9 El Cápita, Puerto de las Nieves

Las marisquerías abundan en el lugar, pero los lugareños aseguran que este local familiar no tiene competencia. *Nuestra Señora de las Nieves 37 • Mapa B2 • 928 55 41 42 • Cerrado lunes-jueves cena • €€*

10 La Tasquita, Santa María de Guía

Dese un baño en el mar antes de probar la pesca del día en este restaurante frente al mar. Hay alternativas, pero el pescado fresco hace que la gente repita. *San Felipe 32 • Mapa C1 • 928 55 63 83 • Cerrado do cena, lunes • €€€*

Más restaurantes **ver pp. 60-61, 71, 85, 91 y 99**

Izquierda **Museo Abraham Cárdenes, Tejeda** Derecha **Roque Nublo**

Centro y oeste de Gran Canaria

DURANTE MUCHO TIEMPO, *el accidentado centro de la isla sólo se podía atravesar por una serie de duros senderos conocidos como caminos reales. En la actualidad, los senderistas siguen recorriendo estas viejas rutas, aunque el coche se ha convertido en el principal medio de transporte. El oeste, sin embargo, permanece casi desconocido e intacto. Las vertiginosas hendiduras que la naturaleza ha practicado en las elevadas paredes rocosas impiden la construcción de carreteras y la única manera de explorar esta zona es a pie. Tres intimidantes tramos de carretera llevan a La Aldea de San Nicolás, el pueblo más remoto de la isla. Es un territorio para disfrutar del senderismo o de la pesca frente al océano.*

TOP 10 Lugares de interés

1. Roque Nublo
2. Pico de las Nieves
3. Roque Bentayga y Cuevas del Rey
4. Pinar de Tamadaba
5. Tejeda
6. Ermita de la Virgen de la Cuevita
7. Cruz de Tejeda
8. Teror
9. Playa de Güigüí
10. Puerto de la Aldea

Calle Real de la Plaza, Teror

Panorámica desde la cumbre del pico de las Nieves

1 Roque Nublo

Es fácil imaginarse por qué los guanches veneraban este imponente monolito de 80 m de altura, sobre todo cuando se ve de cerca *(ver p. 24)*.

2 Pico de las Nieves

El punto más alto de la isla ofrece vistas impresionantes... si se llega antes que las nubes. Tras las precipitaciones invernales, los isleños acuden a ver las efímeras nieves. El lugar también es conocido como Pozo de las Nieves: cerca hay un pozo abandonado que se utilizaba para almacenar nieve que luego se transportaba a la capital para la conservación de alimentos *(ver p. 25)*.

3 Roque Bentayga y Cuevas del Rey

Aunque es más conocido como lugar de culto y posible residencia real, el Roque Bentayga sirvió para otros fines: dada su privilegiada posición para divisar enemigos indeseables, la roca fue un importante baluarte en la breve resistencia a los invasores españoles *(ver p. 24)*.

Roque Bentayga

4 Pinar de Tamadaba

El pinar más extenso de la isla supone un respiro de las ciudades bulliciosas y las carreteras transitadas. Se puede almorzar en el merendero y dar un paseo de 30 minutos desde la casa forestal al punto más elevado, a 1.440 m de altura *(ver p. 43)*.

5 Tejeda

El mayor atractivo de esta localidad es su emplazamiento, en el centro de la inmensa caldera de Tejeda. Esta enorme depresión tiene 18 km de ancho. Miguel de Unamuno, el célebre escritor de principios del siglo XX, la describió como "una tempestad petrificada". Las vistas son espectaculares. Hay una pequeña galería de arte y dos muesos de agricultura, Museo de las Tradiciones y Museo Las Tres Cruces *(ver p. 25)*.

Se recomienda llevar agua, ya que en esta zona escasean las tiendas especializadas.

Ermita de la Virgen de la Cuevita

6 Ermita de la Virgen de la Cuevita

El aprovechamiento del paisaje siempre ha sido un rasgo de la vida canaria, pero en pocos lugares se mantiene la tradición de vivir en cuevas. Esta forma de vida se conserva en Artenara y los turistas pueden alojarse en cuevas acondicionadas. Aunque la iglesia principal es un impresionante edificio del siglo XIX, el lugar de culto más cercano a los corazones de los lugareños es la sencilla ermita de la Virgen de la Cuevita, excavada en una pared rocosa. Le falta la pompa de la mayoría de las iglesias canarias y contiene poco más que la estatua de la Virgen de la Cuevita, una tosca talla que, a pesar de no poder competir en belleza con otras esculturas similares, es venerada por un buen número de fieles. Curiosamente, es la patrona de los grupos folclóricos canarios y de los ciclistas. Para llegar a la ermita hay que seguir las señales desde la plaza mayor y caminar unos 10 minutos cuesta arriba *(ver p. 39)*.

Mapa C3 • Sin acceso para discapacitados

Los primeros cristianos

Se desconoce el nombre prehispánico del enclave más occidental de la isla, ya que fue bautizado con el nombre de un santo italiano mucho antes de que llegaran los españoles. Unos monjes mallorquines desembarcaron en la pequeña playa en 1342 y erigieron una ermita junto al mar. Aunque el lugar estaba poblado, cuando tomó el nombre de San Nicolás de Tolentino ya se había perdido su nombre original. Por desgracia, la ermita fue demolida en el siglo XVI.

7 Cruz de Tejeda

Este sombrío, grande e intrincado crucifijo de piedra verde grisácea marca el hipotético centro de la isla (no el centro geográfico exacto). Todas las carreteras convergen en este punto, aunque durante siglos fue la encrucijada de los caminos reales que atravesaban la isla. Casi todos estos antiguos caminos están bien señalizados y ofrecen inigualables recorridos de montaña, como el exuberante descenso a Teror, las rutas por el centro de la isla y la dura caminata a Puerto de las Nieves, en la costa *(ver p. 25)*.

Cruz de Tejeda

8 Teror

Esta histórica y encantadora localidad cuenta con los mejores ejemplos de arquitectura tradicional de la isla y con una impresionante iglesia *(ver pp. 20-23)*.

9 Playa de Güigüí

Esta playa es de visita obligada para quienes estén desencantados con el desarrollo urbanístico y las aglomeraciones del litoral grancanario. Su arena fina y oscura está flanqueada por abruptos acantilados, que componen un sobrecogedor entorno. La recompensa al tiempo que se invierte en llegar es un plácido día de playa. Todavía no se han practicado túneles en los muros rocosos de la costa

No es conveniente adentrarse en las montañas sin prendas de abrigo: son frecuentes los cambios de tiempo repentinos.

este, de modo que sólo se puede cceder a Güigüí a pie o en barco. os senderos conducen a la playa, no desde Puerto de la Aldea y tro desde Tasartico; ninguno es ómodo, pero el segundo es más orto (dos horas). Un pescador de uerto de la Aldea lleva a grupos e 20 personas mínimo a la playa, ero el viaje no es barato y el es- ado del mar impide la salida con ecuencia. También hay que tener n cuenta que, una vez en la playa, el estado del mar empeora hay ue regresar a pie *(ver p. 44)*.
Mapa A4

Puerto de la Aldea

Muchos dicen que lo más tractivo de la costa oeste es el iaje, no la zona en sí, pero Puerto e la Aldea es el lugar ideal para ecargar las baterías antes de se- uir viaje por las sinuosas carrete- as. La mayor parte del año es un ueblo muy tranquilo; la actividad e concentra en el pequeño puerto esquero y en los excelentes res- aurantes de pescado y marisco. El equeño pinar merece una visita, gual que los asentamientos pre- hispánicos conocidos como los Ca- serones. El pueblo cobra vida cada 11 de septiembre, en la Fiesta del Charco: los lugareños intentan cap- turar peces con sus propias manos en la laguna que se forma al final de la playa. *Mapa A3*

Puerto de la Aldea

En las nubes

Mañana

Esta excursión requiere toda una jornada, así que hay que procurar salir no más tarde de las 10.00. El punto de partida es **Teror,** con su importante iglesia y su museo. Cerca está **Valleseco,** que no destaca por su casco urbano, sino por los exuberantes barrancos aleda- ños *(ver p. 84)*. En la carretera de Artenara se puede parar a contemplar la asombrosa **cal- dera de los Pinos de Gáldar.** En Artenara hay poco que ver, pero el corto paseo a la ermita *(ver p. 82)* sí merece la pena. Una serpenteante carretera lleva desde el pueblo más alto de la isla al accidentado oeste, pasando por Acusa *(ver p. 84)* antes de unirse a la temible GC-606 en dirección a Ayacata. Es obligada la visita al **Roque Nublo** *(ver p. 81)*. La base de la roca es un lugar ideal para tomar un almuerzo campestre; aquellos que no quieran gastar energías en la ascensión pueden comer en el área de descanso de la carretera.

Tarde

Después de comer se puede subir al punto más elevado de la isla, el pico de las Nieves *(ver p. 81)*, cruzando los dedos para que el cielo esté despejado. El curioso Museo Guayere, situado en la GC-150, ofrece un entretenido descanso de las carreteras de montaña. En una encantadora cueva se expone una excéntrica colección de baratijas; hay artesanía y comestibles a la venta, aunque también es posible comprar recuerdos en la Cruz de Tejeda. Se puede finalizar la excursión en la bella Tejeda *(ver p. 81)*, saboreando un café con exquisitos dulces de almendras, la especialidad local.

Izquierda **La Cantonera** Derecha **Cactualdea**

TOP 10 Y además...

1 Mercadillo de San Mateo
De los numerosos mercadillos que tienen lugar en la isla, el de San Mateo es el más importante. *Antonio Perera Rivero • Mapa D3 • Horario: 8.00-20.00 sá, 8.00-15.00 do*

2 La Cantonera, San Mateo
Es el museo etnográfico más grande de la isla. Está instalado en una cautivadora casa de siglo XVII y reúne unos 12.000 objetos, incluidos muebles, herramientas y artesanía. *Avda. Tinamar • Mapa D3 • Horario: 10.00-16.00 lu-sá • Se cobra entrada*

3 Caldera de los Marteles
No es raro ver ganado pastando en el fondo de este enorme cráter volcánico bordeado de pinos. Es un buen lugar para estirar las piernas y gozar de las vistas de Valsequillo y la capital. *GC-130 • Mapa D3*

4 Ayacata
Hay pocos pueblos más bellos que éste, sobre todo en febrero, cuanto los almendros se cubren de un manto de flores rosadas. Se recomienda parar a tomar un café y unos deliciosos mazapanes, la especialidad local. *Mapa D3*

5 Andén Verde
Éste es el curioso nombre de un espectacular tramo de acantilados desnudos que se elevan sobre el océano. No hay que perderse las vistas desde el mirador del Balcón. *Mapa B3*

6 Fontanales
Lo primero que se ve al llegar a este acogedor pueblo es su enorme iglesia. Para tomar un refrigerio se recomienda La Parranda, una curiosa bodega que sirve comidas y rebosa carácter local. *Mapa D2*

7 Acusa
Las llanuras de Acusa constituyen un extraño espectáculo en el abrupto macizo central y un buen lugar para contemplar el Roque Nublo *(ver p. 24)*. *Mapa C3*

8 Cactualdea
El árido oeste de la isla no es famoso por su flora, pero su clima es ideal para los cactus. Más de 1.200 especies viven en este jardín privado. *Carretera del Hoyo • Mapa B3 • 928 89 12 28 • Horario: 10.00-17.00 todos los días • Se cobra entrada*

9 Casco antiguo de La Aldea de San Nicolás
Pocos viajeros llegan hasta el pueblo más olvidado de Gran Canaria y menos aún consiguen encontrar su genuino casco antiguo, al este de la iglesia *(ver p. 59)*. *Mapa B3*

10 Valleseco
Puede que la zona más ignorada de la isla sea también la más bella. Valleseco no tiene otro atractivo que su pura belleza natural. Está formado por pequeñas comunidades rurales conectadas por carreteras que se acaban sin previo aviso . El lugar es conocido por su artesanía de madera y sus incomparables senderos. *Mapa D2*

Precios

Una comida de tres platos con media botella de vino (o equivalente), servicio e impuestos incluidos		
	€	menos de 20 €
	€€	20–30 €
	€€€	30–40 €
	€€€€	40–50 €
	€€€€€	más de 50 €

s Tirajanas, San Bartolomé de Tirajana

10 Dónde comer

1 La Gañanía, La Aldea de San Nicolás

;te establecimiento sirve sencilla cina tradicional. Su bien cuidado 'dín de cactus es el lugar perfec- para tomar un zumo de fruta esco. *Ⓝ Albercón 4 • Mapa B3 • 928 01 62 • €€*

2 Restaurante La Oliva, Playa de Tasarte

Oliva, uno de los pocos restau- ntes de la costa oeste, sirve pes- do y marisco de primera. *Ⓝ Mapa 4 • 928 89 43 58 • Sólo almuerzos • €*

3 Cueva del Molino, Artenara

encilla comida canaria. Si realmen- se tiene hambre, se recomienda filete de carne tierna. *Ⓝ Avda Ma- s Vega 23 • Mapa C3 • 928 66 62 27 €€€*

4 Paraíso Canario, El Madroñal

os filetes se hacen sobre piedras alientes, en las mesas de los co- ensales. Ofrece un menú de de- ustación que incluye 300 gramos e carne y 5 salsas. *Urbanización del Tribunal 8 • Mapa E3 928 64 30 50 • Cerrado martes €€*

5 La Veguetilla, Vega de San Mateo

lesas en el jardín con vistas jardín de los niños en este egante y tradicional restaurante anario. *Ⓝ Avda Tinamar 49 • Mapa D3 928 66 07 64 • Cerrado lunes €€*

6 Parador de Cruz de Tejeda, Tejeda

Diríjase a este restaurante si se quiere disfrutar de una cena elegante y magníficas vistas del pinar. La carta ofrece especialidades locales con un toque creativo. *Ⓝ Cruz de Tejeda • Mapa D3 • 928 01 25 00 • €€€€*

7 Grill El Pesebre, Teror

Los amantes de la carne deben acudir a El Pesebre, donde sirven platos tradicionales como cerdo, carne y pollo a la parrilla. Se puede comer en el interior o en la terraza del jardín. *Ⓝ El Mesón 35 • Mapa D2 • 928 61 37 46 • Cerrado lunes • €€€*

8 Las Tirajanas, San Bartolomé de Tirajana

Probablemente, el restaurante mejor situado de la isla, con unas inolvidables vistas del barranco de Fataga. *Ⓝ Hotel Las Tirajanas • Mapa D4 • 928 56 69 69 • €€€*

9 El Refugio, Cruz de Tejeda

Cocina casera, vinos locales y servicio amable en una casa solariega decorada con madera, más propia de los Alpes que de las Canarias. *Ⓝ Cruz de Tejeda • Mapa D3 • 928 66 65 13 • Abierto todos los días hasta las 20.00 • €€€*

10 El Prado, Valleseco

No cabe duda de que los ingredientes son frescos, ya que la zona es conocida por sus huertas. Se recomienda cualquiera de los guisos canarios. *Ⓝ Alcalde Vicente Arencibia 7 • Mapa D2 • 928 61 83 07 • Cerrado lunes y martes • €€*

Más restaurantes ver pp. 60-61, 71, 79, 91 y 99

Izquierda **Cactus del jardín Botánico Canario** Derecha **Caldera de Bandama**

Este de Gran Canaria

MUCHOS VISITANTES *pasan por alto el este de la isla, aunque lejos de la autopista se encuentran algunas de las localidades más antiguas de Gra Canaria, con deliciosos centros históricos. En todo caso, la historia del este insu lar no empieza con la conquista española: fue la zona más poblada en tiempos de los guanches, lo cual se evidencia en los variados asentamientos aborígenes diseminados por las colinas azotadas por el viento y los dentados barrancos.*

Pueblo de Temisas

Lugares de interés

1. Jardín Botánico Viera y Clavijo
2. Caldera de Bandama
3. La Atalaya
4. San Francisco, Telde
5. Tufia
6. Playas de Telde
7. Cuatro Puertas
8. Barranco de Guayadeque
9. Barrio antiguo de Agüimes
10. Temisas

1 Jardín Botánico Viera y Clavijo

Jn aire fresco y un silencio casi otal (aparte del canto de algún ájaro) lo convierten en el refugio erfecto frente al bullicio de la apital o de las fatigosas carreteras e montaña *(ver pp. 14-15).*

2 Caldera de Bandama

Este llamativo cráter es un nteresante destino para senderisas, golfistas, aficionados a la ornilogía, la botánica y la historia o, encillamente, amantes de la naıraleza. Como curiosidad añadida, n pertinaz granjero ha optado por obrevivir en una sencilla casa en l fondo del cráter *(ver pp. 26-27).*

3 La Atalaya

La mejor manera de explorar ıno de los asentamientos trogloditas nás antiguos de la isla es perdiénlose en sus estrechas y tortuosas alles. Es difícil hacerse una idea de ómo eran las cuevas en su origen, a que sus actuales propietarios han ñadido extensiones. Sin embargo, somándose a alguna puerta abierta uizá sea posible atisbar las estructuas antiguas. Merece la pena visitar l Ecomuseo Casa Panchito, vivienda taller del alfarero más famoso de La Atalaya *(ver p. 37).* En la cueva contigua hay un taller donde los artesanos ocales fabrican y venden cerámica radicional. ✎ *Mapa E3*

aller de cerámica de La Atalaya

4 San Francisco, Telde

La estrecha calle que sale frente al museo conduce a la verdadera joya de Telde: su barrio histórico. Algunos de los edificios más antiguos de la isla rodean las tranquilas plazas, ocultas en un laberinto de callejones adoquinados. Se recomienda visitar la sencilla iglesia conventual de San Francisco, que alberga un espléndido retablo barroco de piedra. ✎ *Mapa F3*

Iglesia de San Francisco, Telde

5 Tufia

Nadie sabe con exactitud cuándo se establecieron los guanches en la isla. Del asentamiento de Tufia, en la cima de una colina, se puede decir que pertenece a dos épocas diferentes. Las cuevas situadas justo por encima del nivel del mar pertenecieron a los primeros pobladores; las casas bajas de piedra que coronan el acantilado fueron obra de una comunidad más desarrollada. El asentamiento tiene una posición ideal para avistar visitantes no deseados y está rodeado por lo que parece un muro protector, lo cual sugiere que sus habitantes tenían nociones de estrategia defensiva *(ver pp. 40-41).* ✎ *GC-1, salida 13 (El Goro)*
• Mapa F3 • Visitas sólo previa cita; llamar al 928 21 94 21, ext. 4441 (Cabildo) • Gratis • Sin acceso para discapacitados

Para visitar los asentamientos guanches se recomienda llevar calzado resistente.

Playa de Telde

6 Playas de Telde

El Ayuntamiento de Telde ha acrecentado el atractivo de la costa este construyendo un precioso paseo marítimo de 4 km. Partiendo de la playa de Salinetas, punto de reunión veraniego de los habitantes de Telde, se llega primero a Melenara, una playa mucho más grande y pintoresca que su elegante vecina; aquí hay algunos excelentes restaurantes de pescado. A continuación se pasa ante unas bonitas casas bajas y el importante puerto de Taliarte; la Cofradía de Pescadores ofrece el pescado más fresco y sabroso del lugar, directo de las redes. Tras pasar el faro, el paseo se aparta de la costa para rodear un feo edificio oficial; luego pasa por una serie de piscinas naturales y arrecifes de roca. Las peligrosas aguas de la playa del Hombre atraen a los surfistas más atrevidos; los principiantes prefieren la playa de Hoya del Pozo. La playa de la Garita es una agradable franja de arena negra bañada por aguas tranquilas. El pulpo frito de Casa Santiago es, sencillamente, divino. Justo detrás de la playa hay una parada de taxis. ✎ *Mapa F3*

Energía alternativa

Si se pregunta a cualquier lugareño qué es lo peor de vivir en Vecindario seguro que menciona el viento. Es fácil notar las fuertes rachas cuando se conduce por la zona: todas las palmeras están inclinadas hacia el este. Por supuesto, los windsurfistas disfrutan de las imponentes condiciones, así como los científicos. Los aerogeneradores ya forman parte del paisaje local y el Instituto Canario de Tecnología sigue investigando nuevas aplicaciones de la energía eólica.

7 Cuatro Puertas

Sin duda, es el sistema de cuevas artificiales más impresionante de la isla. El nombre se debe a la cámara principal, con cuatro entradas. Todas las cuevas están conectadas por cortos túneles y es divertido explorarlas. El lugar también contiene un raro ejemplo de *almogarén*, una serie de pequeños canales que probablemente se usaban para hacer ofrendas a los dioses. ✎ *Acceso desde la GC-100, entre Telde e Ingenio • Mapa F3 • Gratis • Sin acceso para discapacitados*

8 Barranco de Guayadeque

El barranco más profundo de Gran Canaria, poblado de guanches en el pasado, aloja en la actualidad a unos pocos trogloditas *(ver pp. 28-29)*.

Barranco de Guayadeque

9 Barrio antiguo de Agüimes

Agüimes se estableció en 487. Ya tenía una abundante oblación cuando llegaron los spañoles y fue una de las rimeras localidades fundadas tras a conquista. Hoy es un lugar muy anquilo, ya que la explosión urística se ha llevado a muchos e sus habitantes a la costa; y es recisamente la escasez de tráfico edificios modernos lo que hace e Agüimes un lugar encantador. In revoltijo de edificios radicionales y neoclásicos adorna is tranquilas calles. La máxima loria se la lleva la parroquia de ian Sebastián *(ver p. 38)*. Además e un extraordinario restaurante e cocina canaria *(ver p. 60)*, hay n excelente museo de historia ocal *(ver p. 36)*. *Mapa E4*

arrio antiguo de Agüimes

10 Temisas

Merece la pena visitar este equeño pueblo por su maravillosa ituación y sus encantadores edifi-ios. Es el mejor lugar para admirar a arquitectura rural tradicional. Los livares cercanos son una fuente e ingresos para Temisas, único roductor de aceite de oliva de la sla (aunque es muy difícil encon-arlo en otro lugar que no sea el ropio pueblo). *GC-550 • Mapa E4*

Un día en el este

Mañana

Se puede empezar la excursión con una cata de vino en **Santa Brígida** *(ver p. 90)* o comprando cerámica en **La Atalaya** *(ver p. 87)*. A continuación se recomienda seguir la ruta que rodea la imponente **caldera de Bandama** *(ver pp. 26-27)*, reservando al menos una hora si se desea explorar a pie. La GC-80 conduce a **Telde** *(ver p. 87)*, cuyo casco antiguo merece un paseo (además, es un buen lugar para tomar un café). Quien desee zambullirse en la historia de la isla puede visitar las cuevas de **Cuatro Puertas,** en la GC-100. A continuación se puede parar en el Museo de Piedras de **Ingenio** para comprar artesanía local; el centro urbano también merece una visita. El mejor lugar para almorzar es el **barranco de Guayadeque** *(ver pp. 28-29)*, con sus cuevas-restaurante y sus merenderos con vistas. Se tarda una hora en recorrer el barranco en coche.

Tarde

La siguiente parada es **Agüimes,** con su iglesia y su interesante museo de historia. Desde aquí sale una tortuosa carretera a **Temisas,** un bonito pueblo con vistas al barranco del Polvo. Tras respirar la genuina atmósfera de uno de los sitios más tradicionales de la isla se puede regresar a Agüimes y a la GC-1, o bien seguir hacia **La Sorrueda** y tomar la GC-65 para enlazar con la autopista. En dirección norte se encuentra la **playa de Salinetas,** donde se puede dejar el coche y dar un placentero paseo junto al mar. Los bares de la playa de Melenara son perfectos para tomar un café o una cerveza antes de seguir caminando hacia la playa de la Garita.

El pan de Agüimes es famoso; se recomienda comprar cuando se visite la localidad.

Izquierda **Basílica de San Juan Bautista, Telde** Derecha **Juan Grande**

Top 10 Y además...

1 Golf
El primer campo de golf de España se construyó en Las Palmas, pero más tarde se trasladó a su actual emplazamiento, en Bandama. Cerca se encuentra El Cortijo, que acoge competiciones internacionales. En ambos se puede jugar sin ser socio los días laborables. *Real Club de Golf de Las Palmas: ctra. de Bandama s/n, Santa Brígida. Mapa E3. 928 35 01 04. www.realclubdegolfdelaspalmas.com • El Cortijo Golf Center: autovía del Sur, km 6,4, Telde. Mapa F3. 928 684 890.*

2 Basílica de San Juan Bautista, Telde
Su construcción empezó en 1519 y es una de las iglesias más antiguas de la isla. Tardó cinco siglos en adquirir su aspecto actual; las torres neogóticas se añadieron a principios del siglo pasado *(ver p. 38)*. *Plaza de San Juan • Mapa F3 • 928 69 02 85 • Horario: 9.00-12.30, 17.00-20.00 todos los días • Gratis*

3 Casa Museo León y Castillo, Telde
El político Fernando de León y Castillo y su hermano Juan, ingeniero, se criaron es esta encantadora casa, cuyo mayor atractivo es su perfecta arquitectura mudéjar. *León y Castillo 43-45 • Mapa F3 • 928 69 13 77 • Horario: 9.00-20.00 lu-vi, 10.00-20.00 sá, 10.00-13.00 do • Gratis*

4 Pueblos de Valsequillo
Valsequillo tiene poco que ver, pero los pueblos cercanos sí. *Mapa E3*

5 Barrio antiguo de Ingenio
Adentrándose en la fea parte nueva de Ingenio se llega a su tranquilo casco antiguo. El pueblo es conocido por su artesanía. *Mapa E4*

6 Catas de vino en Santa Brígida
Se puede hacer una excursión a la capital vinícola de la isla. Las bodegas no organizan catas, pero permiten probar el vino antes de comprar. *Mapa E3*

7 Letreros de Balos
Las pinturas rupestres del barranco de Balos están consideradas las más importantes de las islas Canarias. Figuras humanas, formas geométricas y siluetas zoomorfas cubren una extensa área de basalto. *Desde la GC-104, entre Cruce de Arinaga y Corralillos, sale una pista• Mapa E4 • 928 21 94 21 ext 4441 • Visitas sólo previa cita • Gratis*

8 Arinaga
Aunque está rodeado por un feo polígono industrial, este pueblo pesquero tiene suficiente encanto para merecer una visita. *Mapa F5*

9 Pozo Izquierdo
Windsurfistas de todo el mundo acuden en verano para ver el campeonato; algunos se quedan todo el año. *Mapa E5*

10 Juan Grande
Los aficionados a los edificios históricos disfrutan en este pueblo, que alberga una destartalada mansión y una iglesia. *Mapa E5*

Precios

Una comida de tres platos con media botella de vino (o equivalente), servicio e impuestos incluidos.	
€	menos de 20 €
€€	20–30 €
€€€	30–40 €
€€€€	40–50 €
€€€€€	más de 50 €

Satautey, Monte Lentiscal

TOP 10 Dónde comer

1 El Oroval, Agüimes
El restaurante del hotel rural Casa de los Camellos sirve una amplia gama de platos canarios. Se recomienda el menú degustación. ✆ *El Progreso 12 • Mapa E4 • 928 78 50 03 • €€€*

2 Nelson, Arinaga
El restaurante de pescado más notable de la zona también es famoso por su extensa carta de vinos. Magníficas vistas del océano. ✆ *Avda. Polizón 47, Playa de Arinaga • Mapa F5 • 928 18 08 60 • Cerrado domingos • €€€€€*

3 Cinco Jotas, Telde
Los amantes del jamón serrano deben visitar este elegante restaurante, situado junto al campo de gol El Cortijo. Buena lista de tapas. ✆ *Campo de golf El Cortijo • Mapa F3 • 928 69 55 20 • Cerrado do mediodía • €€*

4 Bar Restaurante Monzón, Valsequillo
Pequeño en tamaño, pero grande en sabor, este familiar restaurante sirve comida casera presentada con mucho cuidado. ✆ *Plaza San Miguel 3 • Mapa E3 • 928 70 50 43 • €*

5 Señorio de Agüimes, Agüimes
Excelente cocina canaria en un encantador edificio de principios del siglo XX. ✆ *Juan Ramón Jiménez • Mapa E4 • 928 78 97 66 • Cerrado domingos cena • €€*

6 Satautey, Monte Lentiscal
Los entrantes y los postres sobresalen en la carta del elegante restaurante del hotel Escuelas. La combinación de entrantes canarios es una buena manera de probar los platos más típicos de la isla. ✆ *Real de Coello 2 • Mapa E2 • 828 01 04 21 • €€€*

7 Jardín Canario, Tafira
No sólo se puede tomar deliciosa comida tradicional, también se puede disfrutar del encantador jardín con vistas de este restaurante. ✆ *Ctra del Centro km 7 • Mapa E2 • 928 35 52 45 • Cerrado lunes • €€€*

8 Bodegón Vandama, Bandama
Un lugar maravilloso para comer, en un estupendo edificio tradicional con vistas al cráter *(ver pp. 26-27)*. El tinto de la casa se elabora en la bodega contigua. ✆ *Ctra. Bandama 116 • Mapa E3 • 928 35 27 54 • Cerrado lunes, martes, domingos cena • €€*

9 Las Grutas de Artiles, Las Meleguinas
Los comedores de esta cueva-restaurante están conectados por túneles. Clásicos canarios como el potaje de berros se sirven con magníficas raciones de carne. ✆ *Las Meleguinas (cerca de Santa Brígida) • Mapa E3 • 928 64 05 75 • Cerrado martes • €€€*

10 Restaurante El Guajara, Valsequillo
Este sencillo restaurante familiar sirve excelentes carnes a la brasa. ✆ *Las Vegas de Valsequillo • Mapa E3 • 928 70 54 79 • Cerrado lunes • €€*

Más restaurantes **ver pp. 60-61, 71, 79, 85 y 99**

Izquierda **Palmitos Park** Derecha **Fataga**

Sur de Gran Canaria

SI EL NORTE DE GRAN CANARIA *se caracteriza por verdes y exuberantes gargantas, el marrón y el amarillo son los colores del sur. Durante siglos, la árida costa se mantuvo prácticamente deshabitada, hasta que los turistas descubrieron su agradable clima y sus playas de arena dorada. En el interior, las secas llanuras dan paso a anchos barrancos antes de que hagan su aparición los pinares. A la zona le falta el rico patrimonio de otras áreas de la isla, pero ello se compensa con sol, arena, ocio familiar y vida nocturna.*

Presa de las Niñas

TOP 10 Lugares de interés

1. **Maspalomas**
2. **Mundo Aborigen**
3. **Arteara**
4. **Palmitos Park**
5. **Pilancones**
6. **Fataga**
7. **Fortaleza de Ansite**
8. **Presas**
9. **Pueblos de Mogán**
10. **Puerto de Mogán**

Páginas anteriores **Presa de las Niñas**

1 Maspalomas
Unas extensas dunas y una laguna rodeada de palmeras son los rasgos distintivos de este centro turístico *(ver pp. 18-19).*

2 Mundo Aborigen
Quien sienta curiosidad por la enigmática historia prehispánica canaria debe visitar este museo al aire libre, que recrea la cultura guanche mediante reproducciones de viviendas, tumbas, centros sociales y lugares de culto. Estas construcciones están pobladas con unas 100 figuras humanas de tamaño real. Algunas de ellas son muy gráficas, como la del pobre desgraciado a quien el médico trepana el cráneo. *GC60 • Mapa D5 • 928 172 295 • Horario: 9.00-18.00 todos los días • Se cobra entrada*

Dunas de Maspalomas

3 Arteara
Aunque las tumbas fueron saqueadas hace mucho tiempo, esta necrópolis sigue siendo uno de los yacimientos arqueológicos más interesantes de la isla. No es fácil distinguir las tumbas circulares en el desnudo campo de lava, pero los paneles informativos ayudan a diferenciar los sepulcros de otras rocas. El yacimiento cubre un área de 2 km de ancho y en el pasado estaba rodeado por un muro de piedra bajo, algunos de cuyos restos se hallan desperdigados. *GC60 • Mapa D5 • Gratis • Sin acceso para discapacitados*

4 Palmitos Park
Hasta los más sinceros enemigos de los zoológicos admiten que los animales de este parque tienen buen aspecto. En su origen era un santuario de pájaros tropicales y recientemente ha empezado a ampliar sus fondos con reptiles, primates y otros mamíferos. El exuberante emplazamiento acrecienta la sensación de estar en un paraíso tropical y sin duda contribuye a la lozanía de los animales. Quienes estén más interesados en la flora que en la fauna disponen de un excelente jardín botánico con especies endémicas y exóticas, muy alabado por los naturalistas. La pequeña pero completa colección de orquídeas es una delicia *(ver p. 52). Acceso por GC503 • Mapa C5 • 928 140 276 • www.palmitospark.es • Horario: 10.00-18.00 todos los días • Se cobra entrada*

5 Pilancones
Llegando desde el árido sur, la repentina aparición de este verde pinar es toda una experiencia. La panorámica desde la GC-65 impresiona; para tener una visión más cercana se recomienda dejar el coche en Cruz Grande y adentrarse por uno de los senderos. Una caminata de dos horas cuesta abajo lleva al colosal pino Grande, de 60 m de altura. Sólo el distante tamborileo del pico del picapinos interrumpe el silencio en este espacio natural poco visitado. *Mapa C4*

Mundo Aborigen

Las temperaturas veraniegas en el sur pueden ser altas; conviene llevar abundante agua y crema protectora.

Calidad contra cantidad

Cada vez más turistas visitan la isla, pero los ingresos de los empresarios locales son cada vez menores, sobre todo debido al auge de los paquetes turísticos con todo incluido. El Cabildo intenta promover el turismo de calidad frente al modelo masivo. Los centros turísticos de primera categoría, como Maspalomas, Meloneras y Puerto de Mogán, están cambiando la imagen de la isla, y el turismo rural está en franco despegue.

6 Fataga

Fataga consigue mantener su encanto pese al creciente número de visitantes que acude a admirar su bucólica arquitectura. Los restaurantes de la calle principal ofrecen buena cocina canaria; también hay una bodega que vende el único vino que se produce en el sur de la isla. Tras visitar la pequeña iglesia se puede recorrer el laberinto de callejones adoquinados y asomarse al barranco que lleva el nombre del pueblo. *Mapa F4*

7 Fortaleza de Ansite

Este inmenso baluarte natural es uno de los asentamientos prehispánicos más notables de la isla. Fue el último reducto guanche en la lucha contra los invasores españoles. Un llamativo túnel de 34 m de longitud y 18 m de anchura atraviesa la enorme roca, salpicada de cuevas, algunas naturales y otras artificiales. Cuado se vieron derrotados, muchos guanches se lanzaron a los barrancos aledaños para morir antes que vivir como esclavos. El final de la conquista se celebró el 25 de abril de 1485, cuando los guanches que quedaban fueron forzados a ir a la capital para darse por vencidos. *GC651 • Mapa D4 • Gratis • Sin acceso para discapacitados*

8 Presas

Dadas las escasas precipitaciones y la porosidad del suelo, el almacenamiento de agua es un factor crucial en la vida canaria. Por ello no es de extrañar que las presas sean lugares de encuentro para los isleños. Atraen a senderistas, pescadores e incluso bañistas (aunque no está permitido bañarse en los embalses). La presa más grande del sur es la de Soria; la más alejada, la de Chira; y el título de presa más bonita se lo disputan la de las Niñas, flanqueada por pinos, y La Sorrueda, rodeada de palmeras. *Soria: mapa C4 • Chira: mapa C4 • Presa de las Niñas: mapa C4 • La Sorrueda: mapa D4*

Fortaleza de Ansite

Molino de Viento, pueblo cercano a Mogán

9 Pueblos de Mogán

El estilo de vida rural predominante en otras zonas de la isla está en declive en el sur, donde mucha gente del interior se ha trasladado a los centros turísticos costeros en busca de empleo; pero aún se respira una atmósfera tradicional en torno a Mogán. Abunda la arquitectura rústica, sobre todo en el pueblo árabe de Veneguera y en las aldeas situadas al sur de Mogán. En Molino de Viento, los campesinos jubilados se reúnen bajo el molino restaurado para recordar cómo era la vida antes de la llegada del turismo.
Mapa B4

10 Puerto de Mogán

A pesar de estar bajo amenaza, esta bonita localidad se las ingenia para evitar el frenesí inmobiliario que devasta otras zonas de la costa sur. Las autoridades locales han optado por alojar a los turistas en un complejo de baja altura con pocas plazas, mucho más agradable a la vista que los altos hoteles construidos en la década de 1960 en otros lugares. El tranquilo puerto es un sitio fabuloso para comer marisco y contratar un paseo en barco. Se aconseja llegar pronto, antes de que los autobuses turísticos rompan el sosiego y la pequeña playa se llene de bañistas. *Mapa B5*

Diversión en familia

Mañana

Para ir a **Puerto de Mogán** se recomienda dejar el coche en Arguineguín y tomar el autobús. Hay que llegar pronto para disfrutar de la tranquilidad del centro turístico más hermoso de la isla. Para regresar a Arguineguín se puede tomar un barco con el fondo de cristal, que tarda dos horas en cubrir la travesía. De camino se ven abruptos acantilados y playas recónditas antes de llegar a Puerto Rico, donde se cambia de barco. Arguineguín es un encantador pueblo pesquero, inmune al acoso del turismo masivo que invade el sur. Sus calmadas aguas son ideales para los niños y los restaurantes suelen servir menús infantiles. Los Pescaítos, en el extremo oeste del paseo marítimo, está cerca de las piscinas naturales. Apolo 11, en la calle principal, tiene más carácter local, pero pocos platos para los pequeños.

Tarde

Después de comer hay que tomar la autopista a **Maspalomas** *(ver pp. 18-19)*. Cerca del faro hay establos de dromedarios, el mejor medio de transporte para recorrer las extraordinarias dunas. Tras pasar un rato en la magnífica playa hay que volver a la carretera, esta vez en dirección norte.

Mundo Aborigen *(ver p. 95)* ofrece un viaje educativo y entretenido por la historia canaria, muy útil para visitar **Arteara** *(ver p. 95)*; en media hora se puede recorrer esta necrópolis guanche. Más al norte se encuentra **Fataga,** cuya bodega, escondida entre pintorescos callejones, aprecian los viajeros agotados.

No hay que perderse la tradicional romería de Mogán, en junio (ver p. 55).

Izquierda **Ricky's Bar, Yumbo Centrum** Derecha **Aqua Ocean Club, Meloneras**

TOP 10 Vida nocturna

1 Yumbo Centrum, Playa del Inglés

De día es un centro comercial como los demás, pero de noche se convierte en el epicentro de la escena gay de la isla. Atrae a *drag queens* y amantes de la vida nocturna. Algunos locales tienen estrictas normas de etiqueta y otros son sólo para público masculino. Ricky's Cabaret Bar es un local divertido y acogedor. *Avda. de Estados Unidos 54 • Mapa D6*

2 Casino Tamarindos, San Agustín

Es el lugar adecuado para quienes huyan de la música de baile atronadora y el karaoke. Además de los juegos de mesa habituales, cuenta con un cabaré nocturno y un buen restaurante. *Las Retamas 3 • Mapa D6*

3 Chinawhite, Playa del Inglés

Su decoración minimalista y sus ritmos explosivos atraen a una moderna clientela. *Centro comercial Kasbah, avda. de Tenerife • Mapa D6*

4 Joker Disco, Puerto Rico

Los mejores Djs internacionales y el entorno elegante han hecho de Joker Disco uno de los mejores clubes de Puerto Rico. Hay muchas noches de fiesta animada. *Centro comercial • Mapa B5*

5 Pacha, Playa del Inglés

Los grandes del mundo del club estremecen la costa sur con su discoteca, que atrae a gente de toda la isla. *Avda Alferez Provisional s/n • Mapa D6*

6 Heaven, Playa del Inglés

Todo el mundo es bienvenido a esta elegante sucursal de una de las principales discotecas gays de Europa. Hay noches para mujeres. *Yumbo Centrum, Avda. de Estados Unidos • Mapa D6*

7 Disco My Song, Maspalomas

Si siente la fiebre latina, acuda a Disco My Song los jueves, viernes o sábado por la noche. Algunos de los mejores artistas latinos de España tocan aquí. *Avda Touroperador Tui • Mapa D6*

8 Garage, Playa del Inglés

Este barato y animado bar de copas, situado en el centro comercial Kasbah, es un buen lugar para empezar la noche. *Centro comercial Kasbah, avda. de Tenerife • Mapa D6*

9 Bachira, Playa del Inglés

Es uno de los locales nocturnos más elegantes de la isla, y también uno de los más concurridos: está lleno de gente hasta las 7.00. Los pinchadiscos ponen música de baile europea. *Avda. de Italia (enfrente del centro comercial Kasbah) • Mapa D6*

10 Aqua Ocean Club, Meloneras

Esta discoteca enfrente del Hotel H10 Playa Meloneras Palace atrae a una gran multitud. *Centro Comercial, Playa Meloneras • Mapa D6*

Precios		
Una comida de tres platos con media botella de vino (o equivalente), servicio e impuestos incluidos.	€	menos de 20 €
	€€	20-30 €
	€€€	30-40 €
	€€€€	40-50 €
	€€€€€	más de 50 €

amira, playa del Águila

10 Dónde comer

1 El Portalón, Playa del Inglés
osé Cruz López prepara apetitosa ocina de su País Vasco natal.
) Hotel Sol Barbacán, avda. Tirajana 27 Mapa D6 • 928 77 20 30 • €€€

2 Ristorante Rimini, Playa del Inglés
Rimini recuerda que la cocina taliana va más allá de las pizzas y a pasta. Gran variedad de platos egetarianos. ✎ *Avda. Gran Canaria 28 Mapa D6 • 928 76 43 64 • €€€€*

3 Bamira, playa del Águila
Cocina de vanguardia en el estaurante que introdujo la fusión en Canarias. Hay que probar la *nousse* de espinacas y ajo o el nsólito sorbete de remolacha.
) Los Pinos 11 • Mapa D6 • 928 76 76 66 • Cerrado miércoles • €€€€

4 Q Tal, Puerto de Mogán
Moderno establecimiento con unos pocos platos que se cocinan por encargo. Es preciso eservar con antelación si se desea degustar el menú nocturno.
) Entre el puerto principal y el puerto pesquero • Mapa B5 • 928 56 55 34 • Cerrado domingo • €€ (almuerzo), €€€€€ (cena)

5 Los Guayres, Puerto de Mogán
Los clásicos canarios se fusionan con la cocina de *gourmet* en un restaurante que está un paso por delante de los demás. Dispone incluso de una sala de postres. ✎ *Hotel Cordial Mogán Playa, avda. de Canarias s/n • Mapa B5 • 928 72 41 00 • Cerrado almuerzos y lunes • €€€€€*

6 Bali Meloneras, Meloneras
Si busca algo distinto, vaya a este elegante restaurante indonesio. Se recomienda reservar.
✎ *Mar Mediterráneo 2 • Mapa D6 • 928 14 33 75 • €€€€*

7 La Casa Vieja, Maspalomas
Si se quiere probar auténtica cocina canaria acuda a Casa Vieja. Experiencia auténtica con comida local, músicos locales y decoración tradicional. ✎ *Ctra A. Fataga 139 • Mapa D6 • 928 76 90 10 • €€€*

8 Anno Domini, San Agustín
Restaurante de alta categoría en un centro comercial nada atractivo. El *chef* Jacques Truyol da un toque personal a platos clásicos franceses, añadiendo sabores canarios. ✎ *Centro comercial San Agustín • Mapa D6 • 928 76 29 15 • €€€*

9 Samsara, Maspalomas
Para una cena *chill-out*, este restaurante oriental ofrece una terraza con sofás y una galería de arte. ✎ *Avda del Oasis 30 • Mapa D6 • 928 14 27 36 • Cerrado lunes • €€€*

10 La Aquarela, Patalavaca
Este elegante restaurante con piscina fue uno de los primeros de la isla en ofrecer *nouvelle cuisine*. Se recomienda el pato con gambas salteadas. ✎ *Apartamentos Aguamarina • Mapa C6 • 928 73 58 91 • Cerrado lunes • €€€*

Más restaurantes **ver pp. 60-61, 71, 79, 85 y 91**

DATOS ÚTILES

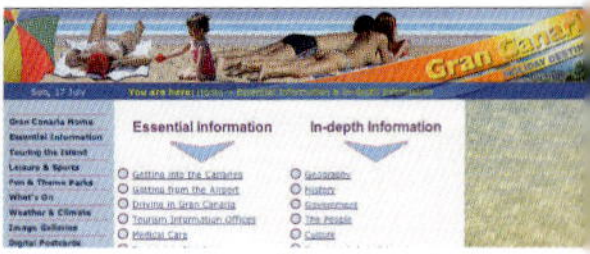

Izquierda **Puesto de información turística** Derecha **Sitio web www.spain-grancanaria.com**

TOP 10 Cómo organizar el viaje

1 Cuándo ir

El clima de las islas Canarias es templado todo el año. Los precios suben en Navidades y Semana Santa. En julio y agosto el calor es sofocante y la isla está muy concurrida. Mayo, junio y octubre son meses más tranquilos y menos calurosos (para muchos son los ideales). Las lluvias de enero y febrero cubren las montañas de un bonito manto verde.

2 Qué llevar

En Gran Canaria se puede comprar de todo, pero siempre es buena idea llevar los medicamentos que se tomen habitualmente o al menos anotar las marcas y los nombres genéricos.

3 Tipo de viaje

El propósito del viaje dictará las fechas y el lugar de estancia. Los senderistas y los amantes de la naturaleza preferirán las montañas en los meses de invierno; los devotos del sol optarán por viajar entre mayo y octubre a la costa sur.

4 Documentación

Además del Documento Nacional de Identidad, indispensable para viajar y realizar ciertas gestiones, es conveniente llevar el carné de conducir si se tiene intención de alquilar un coche (o por si surge la necesidad de disponer de un vehículo). Tampoco está de más contar con la tarjeta sanitaria de la comunidad autónoma de procedencia para agilizar la tramitación de una eventual asistencia médica *(ver p. 104)*.

5 Aduana

En lo referente a aduanas, las islas Canarias están sujetas a una normativa distinta del resto de la Unión Europea. Se permite sacar un máximo de 200 cigarrillos o 50 cigarros, 2 litros de vino, 1 litro de cualquier bebida alcohólica de alta graduación, 250 ml de perfume y regalos por valor de 162 €.

6 Jóvenes y estudiantes

Los jóvenes y los estudiantes pueden disfrutar de descuentos en los medios de transporte y las entradas de museos y otros lugares de interés. Acreditaciones como el Carné Internacional de Estudiante ISIC, el Euro<25 y el GO 25 permiten acceder a estas ventajas.

7 Huso horario

El horario de las islas Canarias tiene un retraso de una hora con respecto al peninsular. Los relojes se adelantan una hora el último domingo de marzo y se atrasan de nuevo el último domingo de octubre.

8 Agencias de viaje

La mayoría de las agencias de viajes que operan en España incluyen a Gran Canaria entre sus destinos. A la hora de planificar el viaje conviene comparar los distintos programas y ofertas.

9 Planificar el viaje en Internet

El Patronato de Turismo de Gran Canaria tiene un excelente sitio web con multitud de datos y enlaces. Otra buena fuente de información es www.spain-grancanaria.com, con datos actualizados sobre meteorología, eventos, alquiler de coches y alojamiento.
www.grancanaria.com

10 Oficinas de turismo

Casi todas las localidades de cierto tamaño disponen de oficinas de información turística, que suelen abrir los días laborables por la mañana.

Información turística

Aeropuerto
Terminal internacional, 928 57 41 17

Las Palmas
Casa de Turismo, parque de Santa Catalina, 928 44 68 24

Playa del Inglés
Avda. España (esq. avda. Estados Unidos), 928 77 15 50

En Internet
www.gobcan.es
www.canarias24.com
www.vivecanarias.com
www.promocionlas-palmas.com

Páginas anteriores **Terraza de un café en el barrio de Triana, Las Palmas**

:quierda **Avión despegando del aeropuerto de Gran Canaria** Derecha **Transbordador interinsular**

10 Llegada y desplazamientos

1 En avión desde la Península

.as compañías aéreas ɔeria, Vueling y Air Europa ›peran vuelos regulares ‹ Gran Canaria desde las ›rincipales ciudades es- ›añolas. Los vuelos duran ınas dos horas de media. .as tres aerolíneas ofrecen a posibilidad de comprar ɔs billetes en internet. ✆ *Iberia: www.iberia.com* *• Air Europa: www.air ɜuropa.com • Vueling: www.vueling.com*

2 Billetes económicos

Al comprar el billete :onviene informarse de as ofertas de última hora. .as compañías aéreas y algunas agencias que ɔperan en internet ofrecen verdaderas gangas. A pesar de que los billetes de los vuelos chárter sue- en venderse como parte de paquetes turísticos, en ocasiones es posible conseguir alguno si se pro- ducen cancelaciones de última hora (consultar en agencias de viajes).

3 En barco desde la Península

Los incondicionales de la navegación marítima, los que odian volar y quienes desean coche son los úni- cos que optan por la trave- sía marítima desde Cádiz. El viaje, operado por Transme- diterránea, dura dos días.

4 Cruceros

Dada la importancia del puerto de Las Palmas, no es extraño que Gran Canaria sea una parada habitual de muchas líneas de cruceros. Por desgracia, los pasajeros sólo disponen de tiempo para visitar la capital.

5 Paquetes turísticos

Muchos visitantes optan por paquetes turísticos que incluyen vuelos, transportes desde y hacia el aeropuerto y alojamiento.

6 Transportes interinsulares

Dos compañías aéreas y tres navieras ofreces excelentes conexiones entre Gran Canaria y las demás islas Canarias, sobre todo Tenerife, a donde se puede viajar en barco en poco más de una hora. El avión es más rápido, pero también más caro. ✆ *Vuelos interinsulares: Binter Canarias, www.bintercanaries.es; Canaryfly, www.canaryfly.es* *• Transbordadores interinsulares: Fred Olsen, www.fredolsen.es; Acciona, www.trasmediterranea.es; Naviera Armas, www.navieraarmas.com*

7 En coche

Sin duda, el coche es el mejor medio para conocer la isla. Hay muchas compañías de alquiler de vehículos. Es obligatorio ser mayor de 21 años y disponer de carné de conducir y tarjeta de crédito. Los límites de velocidad son de 120 km/h en las autopistas y de 50 km/h en los cascos urbanos, salvo que se indiquen otras limitaciones. ✆ *Autos Vélez: 928 27 71 30 • Autos Moreno: 928 27 71 42 • Cicar: 928 76 76 54, www.cicar.com*

8 En autobús

Los servicios urbanos son eficientes y económicos, sobre todo si se opta por los billetes de varios viajes *(ver p. 107)*. La red de guaguas que cubre la isla es buena y llega a los pueblos más pequeños. Los únicos inconvenientes son que los servicios no son muy frecuentes y que suele ser necesario partir de localidades grandes para dirigirse a zonas remotas. ✆ *Global: 902 93 94 07, www.globalsu.net*

9 En bicicleta

Muchas empresas alquilan bicicletas en Las Palmas y el sur de la isla. Es muy agradable pedalear por los centros turísticos, pero no tanto en la congestionada capital. Para atravesar la isla a golpe de pedal hay que estar muy entrenado, pero es una manera fantástica de conocer el interior.

10 A pie

Gran Canaria es el sueño de todo senderista. Cuenta con una buena red de caminos, aunque la señalización no siempre está al día. Las rutas suelen tener largos tramos sin sombra, que hacen imprescindibles la crema protectora y el sombrero.

Los menores de 25 años disfrutan de descuentos en los transportes interinsulares.

Izquierda **Coche de policía todoterreno** Centro **Señal de farmacia** Derecha **Playa**

TOP 10 Seguridad y salud

1 Seguros

Se puede suscribir una póliza de seguro que cubra la asistencia médica durante el viaje. Varias entidades médicas privadas, como Asisa, Sanitas o Adeslas, disponen de servicios de todo tipo en las islas Canarias, desde consultas de médicos especialistas hasta clínicas propias. Otras compañías ofrecen pólizas de viaje combinadas que, además de los gastos médicos, cubren la cancelación del viaje y los posibles robos durante la estancia.

2 Asistencia médica

Para solicitar asistencia en cualquier hospital o centro de salud público conviene disponer de la tarjeta sanitaria de la comunidad autónoma de procedencia. La Cruz Roja cuenta con efectivos y puestos de socorro en muchas poblaciones y playas. Las entidades médicas privadas disponen de relaciones de médicos y servicios asociados en las islas Canarias (se puede preguntar en el hotel o en las oficinas de turismo).

3 Hospitales

En caso de urgencia o dolencia grave se recomienda acudir a cualquiera de los dos grandes hospitales de Las Palmas: el Doctor Negrín o el Insular. Las localidades de cierto tamaño disponen de centros de salud donde se realizan consultas y se tratan dolencias menores.

✆ Hospital Doctor Negrín: Barranco de la Ballena s/n, 928 45 00 00 • Hospital Insular: avda. Marítima del Sur s/n, 928 44 40 00

4 Emergencias

En caso de emergencia hay que llamar al 112. Como en el resto del país, los cuerpos de seguridad y los bomberos tienen números de teléfono directos y gratuitos *(ver recuadro)*.

5 Dentistas

En las grandes poblaciones existen clínicas dentales donde se atienden consultas de urgencia. Se puede preguntar en el hotel o buscar información en las *Páginas Amarillas*.

6 Farmacias

En todas las localidades hay al menos una farmacia donde, además de adquirir la mayoría de los medicamentos habituales, se puede solicitar consejo para dolencias leves. El horario de apertura normal es de 9.00 a 13.30 y de 16.00 a 20.00 de lunes a viernes. En los escaparates figuran las farmacias de guardia más próximas.

7 Mareos

El montañoso interior de la isla puede amargarle la vida a quienes se marean con facilidad. Además de tomar medicación específica, se recomienda comer ligero antes de ponerse en marcha, dejar que el aire fresco circule por el coche y fijar la vista hacia delante.

8 Quemaduras solares

Aunque el clima canario es templado, el sol es muy potente. Conviene evitar exponerse en las horas centrales del día (de 12.00 a 15.00) y aplicarse crema protectora con frecuencia, incluso cuando esté nublado.

9 Bañarse en el mar

Mucha gente no es consciente de la fuerza de las aguas costeras canarias. Las corrientes y las olas del Atlántico son mucho más potentes que las del Mediterráneo. Para evitar situaciones peligrosas se debe nadar en zonas vigiladas por socorristas y abstenerse en playas donde no haya gente bañándose y en tramos de costa frecuentados por surfistas o windsurfistas.

10 Seguridad

Se recomienda no perder de vista los bolsos y carteras en mercados y playas concurridas y evitar ciertas zonas *(ver p. 106)*.

Números de teléfono útiles

Bomberos: *080*

Cruz Roja: *928 22 22 22*

Emergencias: *112*

Guardacostas: *900 20 22 02*

Guardia Civil: *062*

Policía Local: *092*

Policía Nacional: *091*

quierda **Buzón** Centro **Teléfono público** Derecha **Cajero automático**

10 Dinero y comunicaciones

1 El euro
Desde que el euro es ı moneda oficial de España, en las islas Canarias, omo en el resto del país, e nota un significativo ıcremento de los precios omo consecuencia del abitual redondeo.

2 Tarjetas de crédito
Al igual que en la nayor parte del país, se uede utilizar tarjetas de rédito para la mayoría e las transacciones, obre todo en las zonas urísticas, donde se hace ɔ posible para facilitar el onsumo. En lugares menos visitados, tiendas pequeñas y bares lo habitual s que sólo se acepte el ago en metálico. La tarjeta más común es la Visa, eguida por MasterCard y merican Express.

3 Cajeros automáticos
xcepto en los pueblos nás pequeños, hay cajeos automáticos por toda a isla. En ellos se puede acar dinero en metálico on tarjetas de crédito y lébito. Hay que tener en uenta que las entidades ancarias cobran comisioıes por sacar dinero con arjetas de otros bancos.

4 Cheques de viaje
Aunque este medio le pago no suele ser muy ıtilizado, siempre es una ɔpción interesante.

5 Giros
El giro nacional de Correos se puede suscribir en cualquier oficina o por teléfono y tiene un plazo medio de entrega de tres días si es ordinario y de cuatro horas si es urgente. También se puede enviar dinero en 10 minutos a través de Western Union. Las principales oficinas de correos ofrecen este servicio, pero resulta caro: el emisor del giro debe pagar una comisión del 10% de la cantidad enviada.
✆ *Correos: 902 19 71 97* • *Western Union: 900 63 36 63*

6 Banca telefónica y por Internet
Hay que contar con los servicios que se consiguen a través de la banca telefónica (por telefonía fija con atención las 24 horas o móvil con tecnología Wap) e Internet. Previa marcación de una clave personal se puede consultar saldos y movimientos. Asimismo, mediante una firma electrónica es posible realizar transferencias. El servicio en Internet tiene una disponibilidad permanente y es gratuito.

7 Teléfonos
Lo habitual es que el viajero utilice su teléfono móvil para hacer llamadas a través de una de las cuatro compañías nacionales. La cobertura es amplia en toda la isla. Quienes no dispongan de teléfono móvil pueden utilizar los teléfonos públicos, que aceptan monedas y tarjetas telefónicas (a la venta en quioscos de prensa y locutorios); algunos terminales aceptan incluso tarjetas de crédito.

8 Correos
Las oficinas de correos de las localidades pequeñas sólo abren por la mañana; las oficinas principales de Las Palmas y Playa del Inglés tienen horarios más amplios y abren hasta las 14.00. Los quioscos de prensa y las tiendas de recuerdos venden sellos.

9 Internet
Los servicios de Internet y los cibercafés abundan en Las Palmas y los centros turísticos del sur, pero no es fácil encontrarlos en las localidades pequeñas. Los servicios más baratos cobran 1 € por hora; los más caros no suelen superar los 2 € por hora. La costumbre es pagar por adelantado en el mostrador, aunque algunos disponen de máquinas de pago con monedas.

10 Medios de comunicación
Los periódicos regionales con más tirada son *Canarias 7* y *La Provincia;* ambos ofrecen completa información sobre conciertos y otros eventos. No hay que olvidar que en internet se puede consultar las ediciones electrónicas de los periódicos de ámbito nacional y escuchar muchas emisoras de radio en tiempo real. Existe un buen número de emisoras locales.

Izquierda **Carretera tortuosa** Derecha **Señal para senderistas**

TOP 10 Consejos

1 Vendedores callejeros
La única manera de evitar a estos vendedores es mantenerse lejos de los centros turísticos. En algunos casos, escucharlos puede ser interesante, (por ejemplo, cuando ofrecen entradas gratis para algún lugar de interés).

2 Sol de mediodía
Muchos turistas se dejan engañar por el tiempo fresco y nublado y acaban con serias quemaduras solares. Se recomienda emular a los lugareños y disfrutar de un largo almuerzo o una siesta a la sombra para evitar el sol de mediodía. Además, conviene aplicarse con frecuencia una crema solar con protección alta.

3 Alimentos
En los días más calurosos del verano hay que aumentar las precauciones para evitar problemas estomacales. Conviene vigilar el consumo de mariscos crudos y salsas elaboradas con huevo, y mantener los alimentos en el frigorífico.

4 Agua del grifo
Aunque su consumo no es nocivo, el agua de grifo de la isla tiene mucho cloro y su sabor no es muy agradable. Es preferible beber agua mineral embotellada de cualquiera de las marcas locales.

5 Lluvias repentinas
Muchos turistas se aventuran a las zonas montañosas de la isla en pantalones cortos y sandalias, y se ven sorprendidos por fuertes lluvias e incluso nevadas. El clima cambia considerablemente de una a otra parte de la isla, por lo que siempre hay que tener ropa de abrigo a mano.

6 Carreteras tortuosas
Pocos visitantes que hayan recorrido la isla en coche pueden disimular su cansancio por las interminables curvas. Pero si se desea explorar Gran Canaria en profundidad no queda más remedio que enfrentarse a sus tortuosas carreteras. Se puede alternar un día de conducción por las montañas con otro de playa. Tampoco conviene planear itinerarios demasiado agotadores: hay multitud de maravillosos puntos panorámicos para hacer paradas frecuentes.

7 Visitas con guía
Existen compañías que ofrecen excelentes visitas y excursiones por la isla, pero conviene informarse antes de contratar el servicio. Hay que ser precavidos con algunas empresas, que pasan a toda velocidad por los lugares de interés y dejan a sus clientes en tiendas concertadas, de las cuales reciben buenas comisiones.

8 Relaciones públicas
Algunos relaciones públicas de bares, cafés y restaurantes con sus insistentes invitaciones pueden llegar a ser algo molestos. Por desgracia, estos captadores de clientes nunca se sienten rechazados y muchas veces lo mejor es intentar llegar a un acuerdo (bebidas gratis, por ejemplo). De esta manera se puede conseguir una ganga o que pierdan el interés.

9 Rutas senderistas
Antes de iniciar una ruta de senderismo conviene contactar con una oficina de turismo para solicitar mapas e información actualizada. También es buena idea preguntar en la población más cercana para asegurarse de que la ruta aún existe y es segura. Algunas señalizaciones no están actualizadas. Además, las fuertes lluvias pueden convertir el sendero mejor cuidado en una peligrosa trampa.

10 Zonas inseguras en Las Palmas
Conviene evitar la calle de los Molinos de Viento, cerca de León y Castillo, en el centro de la ciudad: es lugar de reunión de traficantes de drogas, prostitutas y proxenetas. Los hostales y *sex shops* de la calle de Tomás Miller y el parque de Santa Catalina también atraen a personajes poco recomendables.

Izquierda **Fiesta de la Virgen del Pino, Teror** Centro **Almuerzo campestre** Derecha **Bono de guagua**

Top 10 Gran Canaria a buen precio

1 Cámping

Los amantes de la naturaleza pueden ahorrar bastante dinero alojándose en un cámping. El Cabildo dispone de varias zonas de acampada gratuitas por toda la isla, pero no cuentan con instalaciones. Los cámpings privados son económicos y ofrecen buenos servicios, como duchas calientes y bar. La acampada libre es ilegal.

2 Viajar en temporada baja

Los precios suben mucho en los puentes, Navidades, Carnaval, Semana Santa y verano. Resulta bastante más barato viajar en temporada baja.

3 Menús

Comer fuera en ocasiones es caro, pero los menús de tres platos ayudan a gastar menos dinero. Los restaurantes sólo suelen disponer de menús a la hora del almuerzo. Los precios oscilan entre 6 y 9 € e incluyen bebida (agua, vino o cerveza) y postre o café; los precios se disparan si se piden bebidas adicionales.

4 Abonos de autobús

Para recorrer Las Palmas se recomienda adquirir un bono de guagua, que consta de 10 viajes dentro de la ciudad casi al 50% del precio normal; se vende en la mayoría de los quioscos de prensa. Existe un abono similar para los autobuses interurbanos, llamado tarjeta insular; éste sólo se puede comprar en las principales estaciones de autobuses.

5 Fiestas

Gracias al excelente clima, en la isla se celebran multitud de fiestas al aire libre. Durante los meses de verano siempre hay un pequeño concierto o espectáculo en alguna parte, a menudo gratis. De hecho, los grandes eventos, como el Carnaval, o las entretenidas romerías de los pueblos, suelen ser gratuitos.

6 Alojamiento económico

La opción más barata son los albergues, pero muchos de ellos sólo aceptan grupos mayores de 15 personas. En las ciudades hay que optar por los hostales y las pensiones; ambos alojamientos son baratos, aunque las habitaciones suelen ser sencillas, sin televisor ni aire acondicionado y a veces con baño compartido.

7 Almuerzos campestres

El clima y el paisaje de Gran Canaria son perfectos para almorzar al aire libre. Abundan los merenderos y las instalaciones, aunque se puede parar a comer en cualquier lugar. Se recomienda abastecerse de fruta fresca, pan y queso en cualquiera de los numerosos mercados rurales.

8 Estancias largas y grupos

Muchos apartamentos y hoteles económicos ofrecen descuentos para estancias mínimas de 4 o 5 días. Las compañías de alquiler de vehículos también rebajan sus tarifas para alquileres prolongados. Algunos museos y lugares de ocio ofrecen descuentos para grupos mayores de 10 personas; puede ser interesante salir de noche en grupo con otros viajeros.

9 Ofertas de última hora

Quienes no tengan necesidad de planificar sus vacaciones con antelación pueden conseguir buenas ofertas, en especial si no les importa viajar sin saber dónde van a alojarse. Algunos operadores turísticos ofrecen paquetes económicos en los que el cliente conoce el alojamiento al llegar a la isla. También hay vuelos de última hora a buen precio para quienes prefieran buscar alojamiento por libre.

10 Lugares de interés gratuitos

Conocer Gran Canaria sin gastar mucho dinero no es difícil. El acceso a algunos de los mejores museos es gratuito, igual que a los asentamientos guanches, los espacios naturales, las playas y los miradores. De hecho, para ciertos viajeros es más fácil ahorrar dinero que gastarlo.

Quien se disponga a hacer acampada debe llevar todo lo necesario y respetar las normas **ver p. 108**

Izquierda **Cámping** Derecha **Hostal**

TOP 10 Información sobre alojamiento

1 Turismo rural

Que la isla sea famosa por sus playas no significa que haya que alojarse en la costa. En el interior hay maravillosos hoteles rurales y casas solariegas de alquiler que resultan ideales para los senderistas y los amantes de la naturaleza.

2 Centros turísticos costeros

Quien se proponga pasar las vacaciones en el sur de la isla debe elegir el lugar con atención. Maspalomas y Meloneras son centros turísticos de primera categoría, tranquilos y con poca vida nocturna. Playa del Inglés y Puerto Rico son más adecuados para jóvenes con ganas de diversión, aunque el segundo también es muy frecuentado por familias. El encantador y tranquilo Puerto de Mogán no tiene mucho parecido con los grandes centros turísticos costeros.

3 Reservas

En temporada alta es esencial reservar con antelación. También es recomendable en hoteles rurales y costeros todo el año; los primeros disponen de pocas habitaciones y en los segundos es posible conseguir buenos descuentos. Algunos alojamientos económicos no aceptan reservas; en este caso, es conveniente llamar al menos con un día de antelación para saber si hay habitaciones libres.

4 Temporadas

Aunque la isla recibe turistas todo el año, los precios suben en temporada alta *(ver p. 107).* Algunos hoteles (en especial los rurales y los económicos) tienen precios fijos, pero en la mayoría fluctúan entre el 20% y el 50%, dependiendo de la temporada.

5 Alojamiento económico

Los grandes hoteles de playa constituyen el grueso de la oferta de alojamiento en la isla, pero existen alternativas para quienes no pueden gastar mucho dinero. Los cámpings y los albergues son las opciones más económicas, pero suelen estar lejos de las grandes ciudades y los centros turísticos. Quien desee alojarse en una ciudad debe optar por una pensión o un hostal.

6 Desayunos

Por lo general, el desayuno se incluye en las tarifas de los hoteles (excepto en los económicos). Suele ser un gran bufé con quesos, fiambres, fruta, cereales, yogur y dulces. En los hoteles de mayor categoría también se sirven desayunos calientes con beicon, salchichas, creps y huevos. Por lo general, en los hoteles rurales el surtido es menor, pero suelen hacer desayunos por encargo con productos y platos locales.

7 Ahorro de agua

El agua es un bien preciado y hay que evitar malgastarla. Se recomienda usar las toallas varias veces, no dejar los grifos abiertos durante la limpieza bucal y ducharse en vez de bañarse.

8 Acampadas

La mayor parte de la isla es espacio protegido. Está prohibida la acampada libre y es necesario solicitar un permiso para acampar en las zonas habilitadas por el Cabildo *(ver p. 107).* Los permisos son gratuitos y fáciles de conseguir, excepto los días festivos, cuando los isleños se desplazan al campo. Sólo hay que llamar al 928 21 92 29 y dar los datos de identidad de todos los campistas.

9 Apartamentos de alquiler

Hay muchosr más apartamentos que habitaciones de hotel en la isla, pero la mayoría está a disposición de los grandes operadores turísticos, por lo que suele ser difícil encontrar plazas libres, incluso en temporada baja. Este tipo de alojamiento escasea fuera de los centros turísticos costeros, pero los precios son muy interesantes.

10 Habitaciones individuales

Es mucho más caro viajar en solitario. La ocupación individual de una habitación doble suele costar un 70% de su precio.

Si no se dispone de reserva, es mejor llegar al alojamiento a última hora de la tarde para conseguir un buen precio.

zquierda **Carta de raciones** Derecha **Café con churros**

TOP 10 Comida y bebida

1 Tapas y raciones
Las tapas, cómo no, se encuentran en la mayoría de los bares y restaurantes de toda la isla. Lo normal es tomarlas como acompañamiento de la bebida a la hora del aperitivo. También puede resultar una magnífica opción almorzar o cenar a base de tapas o raciones, sobre todo si la comida es en grupo. Las raciones son abundantes; por lo general, una ración menos que el número de personas del grupo es la cantidad justa.

2 Menú del día
A la hora del almuerzo, muchos establecimientos ofrecen el menú del día, que resulta más barato que las comidas a la carta. Se puede elegir entre varios primeros platos (generalmente sopa o ensalada), varios segundos (carne o pescado con guarnición) y postres, con agua y vino. El café se suele pagar aparte, o en ocasiones, se puede cambiar por el postre.

3 Propinas
Aunque no es obligatorio dejar propina; sin embargo, si el servicio ha sido bueno es costumbre dejar un 10% del total en los restaurantes y redondear la cuenta en los bares.

4 Vegetarianos
Gran Canaria no es un destino para vegetarianos, y menos para vegetarianos estrictos. Casi todos los menús incluyen ensaladas, pero éstas suelen llevar atún, de modo que, si no se quiere pescado, hay que advertirlo. Los restaurantes italianos son una buena opción, ya que suelen ofrecer platos de verduras más variopintos. Quienes coman pescado no tendrán problemas: la isla es uno de los mejores lugares de España para comer pescado.

5 Horarios
La mayoría de los restaurantes canarios cierra un par de horas por la tarde y un día a la semana (lunes, martes o domingo). El horario habitual es de 13.00 a 14.30 y de 19.00 a 24.00. En los centros turísticos, muchos establecimientos se mantienen abiertos a la hora de la siesta y no tienen día de descanso.

6 Bebidas alcohólicas
Como en la España peninsular, las bebidas alcohólicas más comunes son la cerveza y el vino. Las medidas de alcohol de los cócteles son más que generosas y se aconseja moderación en el consumo. La bebida de alta graduación preferida por los isleños es el ron, en especial el Arehucas canario, aunque están disponibles muchas otras marcas extranjeras.

7 Etiqueta
Salvo en los establecimientos de lujo, en los restaurantes de Gran Canaria los clientes visten con ropa informal, sobre todo en los centros turísticos costeros.

8 Cocina local
La cocina canaria es sencilla, pero no hay que perder la oportunidad de probar algunos platos tradicionales durante la estancia en la isla. En invierno no hay nada mejor que la *ropa vieja* o el potaje de berros, sobre todo en la zona montañosa. Tampoco hay que irse de Gran Canaria sin probar las papas arrugadas con mojo *(ver p. 61)*.

9 ¿Carne o pescado?
La zona de la isla que se visite condiciona la dieta. En la costa predominan el pescado y el marisco. En el interior, los cocineros ponen más énfasis en la carne, sea de ternera, cerdo o cordero. Los vegetarianos encuentran más platos de su gusto en la costa, aunque en las montañas también son habituales los guisos de verduras (se recomienda asegurarse de que estos platos no contienen carne, aunque sea en forma de caldo o salsa).

10 Tabaco
Debido a la ley sobre la prohibición de fumar en lugares públicos, ya no está permitido fumar en el interior de ningún bar o restaurante

Izquierda **Supermercado** Derecha **Artesanía y bordados en un mercado**

TOP 10 Información sobre compras

1 Documentación
Por fortuna, los dependientes canarios son muy estrictos en el uso de las tarjetas de crédito. Sólo se puede utilizar este medio de pago si se presenta algún tipo de documento de identidad.

2 Regateo
El arte del regateo es perfectamente aceptable en casi todos los mercados callejeros de la isla.

3 Descuentos y rebajas
Con la entrada de España en la Unión Europea, las islas Canarias perdieron su condición de zona franca. Sin embargo, se mantienen diferencias en los precios de determinados productos, como los textiles y los artículos electrónicos. Al igual que en el resto de España, las rebajas de temporada son en enero y en julio. En los grandes almacenes y en las cadenas comerciales es fácil encontrar auténticas gangas.

4 Artesanía
Los canarios se muestran muy orgullosos de su artesanía. Los mejores regalos que se pueden comprar son los artículos hechos a mano. El norte de la isla es conocido por los cuchillos tradicionales y los instrumentos musicales. En el centro se producen cestas y cerámica. Ingenio también es famoso por su artesanía, en especial los bordados. En los mercados se encuentran artículos de buena calidad, igual que en las tiendas FEDAC, gestionadas por el Cabildo.

5 Mercados
En muchas localidades insulares se instalan mercados semanales. Los de los centros turísticos del sur suelen vender baratijas y ropa barata. Para encontrar artículos más singulares hay que dirigirse al centro de la isla. San Mateo, Santa Brígida, Valleseco, Teror y Las Palmas cuentan con buenos mercadillos de artesanía y alimentos típicos.

6 Impuestos
Se aplica un IVA del 7% al 16% a la mayoría de productos y servicios. El impuesto suele estar incluido en el precio de venta al público en todos los comercios. No obstante, como en cualquier otra zona del país, a la hora de comprar un artículo de precio elevado conviene aclarar con antelación si el impuesto está incluido, pues la diferencia de precio puede ser notable (los folletos publicitarios suelen reflejar los precios sin IVA).

7 Horarios
Las tiendas suelen abrir de 9.00 o 9.30 a 13.30 o 14.00. Tras una larga pausa para el almuerzo, vuelven a abrir a las 16.30 o 17.00 y cierran alrededor de las 20.00. Las tiendas más grandes y las sucursales de cadenas comerciales no cierran a la hora del almuerzo: su horario habitual es de 10.00 a 22.00. Los comercios no abren los domingos, excepto algunas tiendas de alimentación.

8 Supermercados
Todas las localidades, excepto los pueblos más pequeños, disponen de supermercados que venden productos básicos. En las localidades pequeñas suelen cerrar a mediodía; los del sur y la capital tienen horario continuo.

9 Reclamaciones
Todos los establecimientos están obligados a tener a disposición del público hojas de reclamaciones. La queja debe exponerse en un impreso con tres copias: una debe conservarla el propietario del negocio, otra el consumidor y la tercera debe se remitida por éste a la Administración. Si el cliente cree que sus derechos han sido vulnerados puede ponerse en contacto con la Organización de Consumidores y Usuarios (OCU) para pedir asesoramiento.
OCU: 902 30 01 87, www.ocu.org

10 Moda
Hay importantes marcas españolas con presencia internacional, como Zara, Mango y Camper, que ofrecen una amplia gama de prendas de moda y otros artículos a precios asequibles.

Se recomienda paciencia al comprar en las zonas rurales, donde el ritmo de vida es más lento. Más información **ver pp. 56-57**

Izquierda **Taxi** Derecha **Autobuses urbanos**

10 Gran Canaria para discapacitados

1 Autobuses urbanos
Algunos vehículos están adaptados para usuarios de sillas de ruedas: disponen de piso bajo, rampas replegables y espacio interior. Todos los autobuses de la línea 1 (la principal ruta turística, desde Triana a las Canteras), están adaptados. Para pedir información sobre otras líneas hay que contactar con la compañía.
928 30 58 00 • www.guaguas.com

2 Autobuses interurbanos
Muchas líneas de autobuses cuentan al menos con un autobús adaptado al día. *902 38 11 10 (información sobre horarios) • www.globalsu.es*

3 Taxis
Sólo hay unos seis vehículos adaptados para usuarios de sillas de ruedas en Las Palmas y es necesario reservar plaza con antelación. Los demás taxistas suelen mostrarse dispuestos a ayudar a los pasajeros discapacitados.
928 46 56 66

4 Restaurantes y museos
El acceso a los restaurantes ha mejorado e incluso algunos negocios familiares tienen rampas para sillas de ruedas. Aunque la mayoría de los museos ha hecho esfuerzos de adaptación, en algunos no hay ascensores para acceder a otras plantas. Los discapacitados visuales o auditivos cuentan con poca o ninguna información.

5 Casco urbano
No todas las aceras de Las Palmas están adaptadas para transitar en silla de ruedas y los coches aparcados no facilitan la tarea. Algunos barrios antiguos tienen calles estrechas e irregulares que pueden representar un problema añadido. En las localidades turísticas del sur es más fácil moverse; la excepción es Puerto Rico, situado en un barranco.

6 Alojamiento
Como cabe esperar, los hoteles de primera categoría disponen de numerosas instalaciones para huéspedes discapacitados; algunos tienen habitaciones especiales. Los alojamientos rurales y económicos no están bien preparados (algunos hoteles de campo son inaccesibles). En lo que concierne a los hoteles reseñados en esta guía *(ver pp. 112-117)*, se señalan los que no están adaptados, pero siempre conviene asegurarse al hacer la reserva.

7 Organizaciones
COCEMFE (Confederación Coordinadora Estatal de Minusválidos Físicos de España) cuenta con una delegación en la isla que ofrece información sobre alojamientos, playas y lugares de interés accesibles. También la ONCE (Organización Nacional de Ciegos de España) está implantada en Gran Canaria; dispone de mapas en braille y ofrece asesoramiento.
COCEMFE: Lomo de las Brujas 1, local 17. 928 71 74 70. www.cocemfelaspalmas.org • ONCE: Primero de Mayo 10. 928 43 14 11, www.once.es

8 Agencias de viajes
Varias agencias organizan viajes para discapacitados y ofrecen información y consejos útiles. *Rompiendo Barreras Travel: 91 552 84 07 • Viajes 2000: 913 23 25 23, 928 38 12 80*

9 Alquiler de sillas de ruedas
Solmobility se encuentra en el sur de la isla y alquila sillas de ruedas, escúteres, bastones y andadores. En su web hay información sobre hoteles con habitaciones adaptadas para discapacitados. *Solmobility: 928 73 53 11. www.solmobility.com*

10 Escalones y cuestas
La accidentada topografía de Gran Canaria es casi un desafío para los viajeros discapacitados. Algunos pueblos son todo escalones, adoquines y cuestas, a veces demasiado empinadas. Casi todos los asentamientos guanches son inaccesibles para usuarios de sillas de ruedas, igual que algunos miradores, playas y espacios naturales.

Izquierda **Suite Princess** Derecha **Hotel Las Tirajanas**

TOP 10 Hoteles de diversa categoría

1 Hotel Santa Catalina, Las Palmas

El primer hotel que se construyó en la isla recibe huéspedes desde finales del siglo XIX. Este exquisito edificio de estilo neocanario está rodeado por el tranquilo parque Doramas y no da la sensación de estar dentro de una ciudad. Las elegantes habitaciones, las excelentes instalaciones deportivas, un pequeño balneario y un restaurante atraen a ricos y famosos al hotel más lujoso de Gran Canaria. *León y Castillo 227 • Plano J4 • 928 24 30 40 • www.hotelsantacatalina.com • €€€€€*

2 Hotel Sercotel Cristina, Las Palmas

El Sercotel Cristina ostenta el mejor emplazamiento posible: sólo el paseo marítimo lo separa de la playa de las Canteras. Su restaurante sirve algunos de los mejores platos de marisco de la ciudad. *Gomera 6 • Plano P2 • 928 26 80 50 • www.hotelcristinalaspalmas.com • €€€*

3 Hotel Fataga, Las Palmas

Es el hotel ideal para los viajeros de negocios. Se encuentra en el centro de la ciudad, cerca de la zona comercial y de las dos playas. Dispone de excelentes salas de conferencias. *Néstor de la Torre 21 • Plano N3 • 928 29 06 14 • www.hotelfataga.com • €€*

4 Gran Hotel Lopesan Villa del Conde, Meloneras

Es difícil encontrar otro alojamiento como éste. El edificio de recepción, basado en el templo parroquial de Agüimes *(ver p. 38)*, es como una iglesia neoclásica canaria. En torno a la enorme piscina hay casas bajas inspiradas en varios estilos arquitectónicos locales. Excelentes restaurantes e instalaciones deportivas. Para darse un lujo. *Mar Mediterráneo 7 • Mapa D6 • 928 56 32 00 • www.lopesanhr.com • €€€€€*

5 Palm Beach, Maspalomas

Este hotel fue decorado en estilo retro por el diseñador parisino Alberto Pinto. Las habitaciones están decoradas con colores fuertes, recordando la década de 1970. *Avda del Oasis s/n • Mapa D6 • 928 72 10 32 • www.hotel-palm-beach.com • €€€€€*

6 Hotel Cordial Mogán Playa, Puerto de Mogán

Aquí se cuida cada detalle, desde los reproductores de DVD hasta la opción de alquilar un minibar y llenarlo con productos propios. El restaurante está entre los mejores de la isla *(ver p. 99)*. *De los Marrero 2 • Mapa B5 • 928 72 41 00 • www.cordialcanarias.com • €€€*

7 Hotel Las Tirajanas, San Bartolomé de Tirajana

Despertarse y ver cómo la niebla se levanta entre los abruptos barrancos del sur es la mejor manera de empezar el día. Todas las opulentas habitaciones de este hotel ofrecen el mismo espectáculo. *Oficial Mayor José Rubio • Mapa D4 • 928 56 69 69 • www.hotelrurallastirajanas.com • €€*

8 Seaside Grand Hotel Residencia, Maspalomas

El hotel más exclusivo de Gran Canaria es un auténtico paraíso. Dispone de elegantes habitaciones, un exquisito restaurante y un tentador balneario. *Avda. del Oasis 32 • Mapa D6 • 928 72 31 00 • www.seaside-hotels.com • €€€€€*

9 Lopesan Baobab Resort, Meloneras

Este hotel, un complejo, ofrece todo los necesario, y algo más. *Mar Adriatico 1 • Mapa C6 • 928 15 44 00 • www.lopesanhotels.com • €€€€*

10 Suite Princess, Puerto de Mogán

Los bufés de desayuno y cena no tienen rival. Gran piscina e instalaciones deportivas. *Urbanización Taurito • Mapa B5 • 928 56 60 40 • www.princess-hotels.com • €€€*

***Nota:** todos los hoteles aceptan tarjetas de crédito y disponen de cuarto de baño y aire acondicionado, si no se especifica lo contrario*

Precios

Habitación doble (a veces con desayuno), servicio e impuestos incluidos.		
	€	menos de 50 €
	€€	50–100 €
	€€€	100–150 €
	€€€€	150–200 €
	€€€€€	más de 200 €

lotel Villa de Agüimes

10 Alojamiento

1 Hotel Igramar Canteras, .as Palmas

'erfectamente situado a ro de piedra de la playa a un corto paseo de os concurridas zonas omerciales. El personal s profesional y los espa-ios comunes son muy gradables. *Colombia 12 • Plano G2 • 928 47 29 60 • vww.igramar.com • €€*

2 Hotel Villa de Agüimes

:ste encantador edificio lel siglo XIX albergó el iyuntamiento de la ciudad / ahora es un pintoresco iotel con sólo seis dormi-orios. *El Sol 3 • Mapa :4 • 928 78 50 03 • www. iecansa.com • Sin aire icondicionado • Sin acceso iara discapacitados • €€*

3 Pensión Juan Deniz, Puerto de Mogán

Situada en un laberinto de ımpinados callejones, en a parte alta del pueblo. Habitaciones sencillas e in-naculadas. *Lomo Quie-ore 20 • Mapa B5 • 928 56 55 39 • No aceptan tarjetas de crédito • Sin cuartos de baño privados • Sin aire acondicionado • Sin acceso para discapacitados • €*

4 Hotel Los Cascajos, La Aldea de San Nicolás

Una cálida bienvenida espera a los huéspedes del hotel más antiguo de San Nicolás. Habitaciones sencillas, confortables y limpias. Precios razonables. *Los Cascajos 9 • Mapa B3 • 928 89 11 65 • Sin aire acondicionado • Acceso para discapacitados limitado • €*

5 Hotel Aloe Canteras – Tenesoya, Las Palmas

Este hotel, ubicado cerca del paseo marítimo, no tiene vistas al mar, pero se puede oler la sal, dada su proximidad a la playa. Es una buena alternativa para viajeros de bajo presupuesto. *Sagasta 98 • Plano P1 • 928 46 49 07 • www.hotelaloe-canteras.com • €€*

6 Hostal Alcaravaneras, Las Palmas

Este hotel inmaculado y bien gestionado es una gran opción en la capital. Se encuentra en una agradable zona residencial cercana a la playa de Alcaravaneras, no muy lejos del centro. No todas las habitaciones tienen cuartos de baño privados. *Luis Antúnez 22 • Plano H3 • 928 24 89 14 • No aceptan tarjetas de crédito • Sin aire acondicionado • Sin acceso para discapacitados • €*

7 Hotel Princesa Guayarmina, valle de Agaete

Aunque sus días de gloria han pasado y ya no es aquel magnífico balneario, el impresionante emplazamiento de este hotel en un extremo del valle de Agaete no tiene parangón. Sólo hay que sentarse en la soleada terraza y admirar los altos acantilados y el pinar. Por si esto no fuera suficiente, el establecimiento ofrece algunos tratamientos de salud y belleza. *Los Berrazales • Mapa C2 • 928 89 80 09 • Sin aire acondicionado • €€*

8 Aparthotel Regina Mar, Playa del Inglés

Este acogedor establecimiento, situado en el centro de la localidad, tiene sencillas habitaciones con televisores y cocinas básicas. La pequeña piscina es un buen lugar para relajarse, lejos de la muchedumbre. *Avda. de Estados Unidos 38 • Mapa D6 • 928 76 65 82 • Sin aire acondicionado • €*

9 Hostal Albacar, Playa de Melenara

Se encuentra en la extensa playa de Melenara, un rincón de la isla poco visitado por los turistas. Las habitaciones son sencillas, pero todas tienen televisores y cuartos de baño. Cerca hay buenos restaurantes de pescado y marisco. *Padre Cueto 4 • Mapa F3 • 928 13 15 20 • Sin aire acondicionado • Sin acceso para discapacitados • €*

10 IFA Hotel Continental, Playa del Inglés

Disfruta de una buena situación en el centro de la localidad, a pocos minutos de la playa. Buenas instalaciones deportivas y diversión nocturna. *Avda. de Italia • Mapa D6 • 928 76 16 50 • www.ifahotels.com • €€*

Izquierda **Finca Las Longueras** Derecha **Hacienda del Buen Suceso**

TOP 10 Alojamiento rural

1 Finca Las Longueras, Valle de Agaete

Esta espléndida mansión familiar del siglo XIX, con sólo 12 habitaciones, está inmersa en el impresionante paisaje del valle de Agaete. *Mapa C2 • 928 89 81 45 • www.laslongueras.com • Sin aire acondicionado • Sin acceso para discapacitados • €€*

2 Hotel Rural Maipéz, La Calzada

El hotel rural más nuevo de la isla ofrece bellas vistas del exuberante barranco de Guiniguada, aunque está a sólo 10 minutos de Las Palmas. Habitaciones acogedoras y decoradas con gusto, agradables jardines y buen restaurante de cocina tradicional. *Ctra. La Calzada 104 • Mapa E2 • 928 28 72 72 • www.hotelmaipez.com • Sin aire acondicionado • €€*

3 Hotel El Mondalón, Marzagan

Este hotel *boutique* es muy popular entre los excursionistas, que pueden ir andando desde aquí hasta Caldera de Bandama, y entre los que quieren descansar en la piscina del Mondalón. *GC801 • Mapa F2 • 928 35 57 858 • €€€*

4 Hacienda del Buen Suceso, Arucas

Esta espléndida mansión, situada entre plantaciones de plátanos, ofrece una perfecta combinación de paz, lujo y encanto rural. *Ctra. Arucas-Bañaderos, km 1 • Mapa D2 • 928 62 29 45 • www.haciendabuensuceso.com • Sin aire acondicionado • €€€*

5 Hotel Rural Casa de los Camellos, Agüimes

Aunque se encuentra en el tranquilo centro de Agüimes, está clasificado como hotel rural por su maravilloso interior rústico. Su galardonado restaurante sirve cocina local. *Progreso 12 • Mapa E4 • 928 78 50 03 • www.hecansa.com • Sin aire acondicionado • Sin acceso para discapacitados • €€*

6 El Refugio, Cruz de Tejeda

Sus acogedoras habitaciones son más tentadoras en invierno, cuando los alrededores se cubren de niebla. En verano se puede tomar el sol en la pequeña piscina. Su ubicación es perfecta para senderistas y para quienes quieran explorar el centro de la isla. *Cruz de Tejeda s/n • Mapa D3 • 928 66 65 13 • Sin acceso para discapacitados • €€*

7 Hacienda de Anzo, Vega de Anzo

Esta mansión restaurada y alejada de las multitudes ofrece bellas vistas de Guía y las montañas del interior. La terraza y la piscina están rodeadas de bonitos jardines. La sala de reuniones está alojada en una gran cueva. *Cerca de Guía • Mapa C1 • 928 55 16 55 • www.hotelhaciendadeanzo.es • Sin aire acondicionado • Sin acceso para discapacitados • €€*

8 Hotel El Cortijo San Ignacio Golf, Telde

Casa familiar del siglo XVI, a tiro de piedra del campo de golf El Cortijo. Cuenta con una pequeña capilla y una enorme piscina. *GC-1, km 6,4 • Mapa F3 • 928 71 24 27 • www.cortijosanignaciogolf.com • Sin aire acondicionado • €€*

9 Hotel Rural Las Calas, San Mateo

Este espléndido edificio tradicional de pueblo no tiene más que seis habitaciones, cada una con su propia decoración. El emplazamiento es perfecto para explorar el macizo central. *El Arenal 36, La Lechuza • Mapa D3 • 928 66 14 36 • www.hotelrurallascalas.com • Sin aire acondicionado • €€*

10 Hotel Rural Villa del Monte, Santa Brígida

Su exterior tradicional no da pistas de lo que espera dentro: una explosión de decoración contemporánea y plantas tropicales. *Castaño Bajo 9 • Mapa E3 • 928 64 43 89 • No aceptan tarjetas de crédito • Sin aire acondicionado • Acceso para discapacitados limitado • €€*

Nota: *todos los hoteles aceptan tarjetas de crédito y disponen de cuarto de baño y aire acondicionado, si no se especifica lo contrario*

Precios

Habitación doble (a veces con desayuno), servicio e impuestos incluidos.	
€	menos de 50 €
€€	50–100
€€€	100–150
€€€€	150–200
€€€€€	más de 200

Gran Hotel Lopesan Costa Meloneras

TOP 10 Hoteles con balneario

1 Eugenia Victoria, Playa del Inglés

Puede que sea menos exclusivo que algunos de sus iguales, pero es uno de los mejor equipados. Tiene pistas de tenis, squash, minigolf y gimnasio. *Avda. de Gran Canaria 26 • Mapa D6 • 928 76 25 00 • www.bullhotels.com • €€*

2 Hotel Puerto de las Nieves, Puerto de las Nieves

El hotel más antiguo del pueblo es un tranquilo lugar para relajarse y disfrutar de un pequeño pero bien equipado balneario. Se ofrecen tratamientos de belleza y programas específicos de dos a tres días. *Avda. Alcalde José de Armas • Mapa B2 • 928 88 62 56 • www.hotelpuertodelasnieves.com • €€€*

3 Gloria Palace Amadores, Amadores

Las vistas del océano desde la azotea son increíbles. Cuenta con una gran terraza, excelentes instalaciones y un circuito de talasoterapia muy bien equipado. Hay dos playas a poca distancia. *La Palma 2 • Mapa B5 • 928 12 85 22 • www.talasoterapiacanarias.com • €€€*

4 Gran Hotel Lopesan Costa Meloneras, Maspalomas

El fabuloso balneario de este enorme complejo es quizá el mejor de la isla y, con seguridad, el más grande. Cuenta con un circuito de cuatro horas de salas de vapor, saunas, duchas de masaje y, para los audaces, un iglú. Muchas habitaciones tienen vistas al mar, igual que la gran piscina. *Mar Mediterráneo 1 • Mapa D6 • 928 12 81 00 • www.lopesanhr.com • €€€€*

5 Meliá Tamarndos, San Agustín

Quien desee pasar las vacaciones sin salir del hotel ha encontrado el lugar perfecto. Las habitaciones son luminosas y amplias. El balneario es excelente y ofrece multitud de tratamientos de belleza. El casino contiguo tiene un cabaré nocturno y el restaurante es extraordinario. *Retama 3 • Mapa D6 • 928 77 40 90 • www.solmelia.com • €€€*

6 Palm Beach, Maspalomas

En un tranquilo rincón del balneario, un equipo médico ofrece terapias curativas y tratamientos de belleza. El restaurante está un paso por delante de otros establecimientos similares. *Avda. del Oasis • Mapa D6 • 928 72 10 32 • www.seaside-hotels.com • €€€€€*

7 Hotel Puerto de Mogán, Puerto de Mogán

Este hotel, situado al final del puerto, tiene acceso directo al mar a través de una escalera que sale de la terraza-piscina. Las habitaciones ofrecen maravillosas vistas del puerto y del mar. Además de balneario, cuenta con escuela de buceo. *3E, Urbanización Puerto de Mogán s/n • Mapa B5 • 928 56 50 66 • www.hotelpuertodemogan.com • €€*

8 Gloria Palace San Agustín

El primer centro de talasoterapia de la isla también es uno de los más grandes (el circuito dura dos horas). Está apartado del agitado centro de San Agustín, pero cerca de la playa, la zona comercial y el casino. *De las Magnolias • Mapa D6 • 928 77 64 04 • www.hotelgloriapalace.com • €€€*

9 Dunas Vital Suites, Playa del Inglés

La serenidad reina en este tranquilo e íntimo balneario con bellas vistas de las dunas y el campo de golf. Las grandes y luminosas habitaciones están rodeadas de jardines bien cuidados. Quienes busquen un poco de movimiento tienen el centro a sólo 10 minutos a pie. *Avda. Gran Canaria 80 • Mapa D6 • 928 73 02 33 • www.vitalsuites.com • €€€*

10 H10 Meloneras Palace, Meloneras

Gran selección de tratamientos a precios razonables. Fácil acceso a la playa de Meloneras y al centro comercial. *Mar Caspio 5 • Mapa D6 • 928 12 82 82 • www.h10.es • €€€€*

Izquierda **Camping Guantánamo, Tauro** Derecha **Albergue Centro Internacional de Windsurfing**

TOP 10 Campings y albergues

1 Camping Villamar, Tasartico

Este acogedor y bien organizado camping, situado en la zona más remota de la isla, dispone de cabañas, caravanas, espacio para tiendas, restaurante y bar. Está junto al punto de partida del sendero de Güigüí *(ver p. 82)* y a poca distancia de una playa de guijarros. *Ctra. Tasartico-playa del Asno • Mapa A4 • 928 89 04 93 • €*

2 Camping Guantánamo, Tauro

Esta empresa dispone de tres campings, uno en la costa y dos en la parte interior del barranco, todos con buenas instalaciones y bien situados con respecto a los centros turísticos, pero lejos del bullicio. El bonito emplazamiento queda un tanto deslucido por las casas de los campistas. *Playa de Tauro • Mapa B5 • 928 56 20 98 • €*

3 Camping Multiocio Baikal Logistic, El Sao

Las cabañas son acogedoras pero básicas y es necesario traerse cama propia. Cuenta con mucho espacio para instalar tiendas y un pequeño bar-restaurante. El entorno es maravilloso y el personal organiza todo tipo de actividades deportivas y de aventura. *Barranco de Arguineguín • Mapa C5 • 928 73 56 88 • www.baikal-aventura.com • €*

4 Zonas de acampada del Cabildo

La mayoría no son más que explanadas donde se puede instalar tiendas, pero son gratuitas y muchas están cerca de lugares de interés. Es obligatorio solicitar permiso por teléfono. *928 21 92 29*

5 Camping Playa de Vargas

En una playa deportista, es perfecto para el kitesurf y windsurf. Cerca del aeropuerto, este camping puede acomodar hasta 500 personas. *Playa de Vargas • Mapa F4 • 928 18 80 37 • €*

6 Albergue La Hoyilla, La Aldea de San Nicolás

Los entusiastas propietarios mantienen inmaculados los dormitorios. El desayuno está incluido en el precio. Dispone de cocina. *Barranquillo las Planchas s/n • Mapa B3 • 928 89 12 52 • €*

7 Albergue Centro Internacional de Windsurfing, Pozo Izquierdo

Los huéspedes pueden nadar en la gran piscina, hacer cursos de buceo, disfrutar de los deportes de aventura y, por supuesto, aprender a hacer windsurf. Los dormitorios son básicos. Cuenta con una sala recreativa con televisión y juegos de mesa. *Playa de Pozo Izquierdo • Mapa E5 • 928 12 14 00 • www.pozo-ciw.com • €*

8 Refugio Cañada del Escobón, Llanos de la Pez

Este sencillo refugio del centro de la isla pertenece a la Federación Grancanaria de Montañismo. Es ideal para senderistas y escaladores, pero ofrece poco más que una cocina básica, agua y electricidad. La llave debe recogerse y devolverse en la oficina de Las Palmas. *Mapa D3 • Federación Grancanaria de Montañismo: Mari Sánchez 18 • 928 46 00 45 • www.fgcm.org • €*

9 Camping Temisas

Este bien equipado camping está fuera de las rutas habituales, pero lo bastante cerca de los centros turísticos del sur para ir y venir en un día. Quienes no viajen con tienda de campaña disponen de cabañas. *Lomo de la Cruz 27, GC-551 • Mapa E4 • 928 79 81 49 • €*

10 Refugio de San Bernardo

Este sencillo refugio, en el pico más alto de la isla, ofrece vistas espectaculares. Puede ser muy frío, por lo que conviene ir preparado. *Pico de las Nieves • Mapa D3 • Reservas: ver punto 8*

Casi todos los campings y albergues carecen de accesos para discapacitados o los tienen limitados, y no aceptan tarjetas de crédito.

Apartamentos Brisamar

Precios
Habitación doble (a veces con desayuno), servicio e impuestos incluidos.

€	menos de 50 €
€€	50–100 €
€€€	100–150 €
€€€€	150–200 €
€€€€€	más de 200 €

TOP 10 Apartamentos de alquiler

1 Apartamentos Brisamar, Las Palmas

No es fácil igualar la situación de estos sencillos estudios, en el paseo marítimo de las Canteras. Todos los balcones dan al mar. ✆ *Paseo de las Canteras 49 • Plano N2 • 928 26 94 00 • www.brisamarcanteras.com • Sin aire acondicionado • €€*

2 La Venecia de Canarias, Puerto de Mogán

Hay pocos lugares tan tranquilos y encantadores como éste. No son apartamentos de lujo, pero tienen todo lo básico. ✆ *Urbanización Puerto de Mogán 32 • Mapa B5 • 928 56 56 00 • www.la-veneciadecanarias.net • Sin aire acondicionado • €€*

3 Bungalows Tajaraste, Playa del Inglés

El objetivo es la tranquilidad. Los bungalós se encuentran cerca de las dunas y lejos de los locales nocturnos. Tienen cocinas bien equipadas, pero carecen de televisores. Las dos piscinas están rodeadas de maravillosos jardines. ✆ *Finlandia 4 • Mapa D6 • 928 76 00 64 • www.tajarastebungalows.com • Sin aire acondicionado • €*

4 Casas rurales

Muchas de estas magníficas y bien equipadas casas están en emplazamientos espectaculares. Varias agencias alquilan estos encantadores alojamientos; las que se mencionan a continuación tienen la oferta más completa. ✆ *Gran Canaria Rural: 928 46 44 64. www.grancanariarural.com. €€ • Gran Tural: 902 15 72 81. www.ecoturismocanarias.com • €€*

5 Cuevas de Artenara

Estas cuevas artificiales constituyen originales alojamientos rurales. Los inquilinos no experimentan el estilo de vida guanche, ya que ofrecen todas las comodidades modernas, pero no deja de ser una vivencia singular. ✆ *Mapa C3 • Artenatur: 686 79 58 49. www.artenatur.com*

6 Villas Blancas, Maspalomas

Muchos establecimientos de Maspalomas ofrecen alojamiento exclusivo a homosexuales, pero éste es uno de los más populares. Cada bungaló tiene su propio solárium. Hay gimnasio, piscina, bar y restaurante. ✆ *Avda. Touroperador Tjaereborg • Mapa D6 • www.villasblancas.com • €€*

7 Finca Las Tortolas, Cercados de Araña

Quien desee apartarse de los itinerarios turísticos puede alojarse en estos sencillos y acogedores apartamentos, cercanos a la presa de Chira *(ver p. 96)*. El embalse más grande de la isla es un lugar excelente para pescar carpas y los alrededores se prestan al senderismo. ✆ *Mapa C4 • 928 12 90 60 • chirafish@hotmail.com • No aceptan tarjetas de crédito • Sin aire acondicionado • €*

8 Atlantia Resorts

Apartamentos y bungalós tranquilos y de baja altura entre San Agustín y Maspalomas. Tienen apartamentos de alquiler en Las Palmas. ✆ *Mapa D6 • C/ Las Adelfas 5 (San Agustín): 928 77 71 23 • www.grupoatlantia.com • €€*

9 Apartamentos Gayfa, Tejeda

Estos espaciosos y bien cuidados apartamentos tienen cuatro camas, cocina, un gran balcón y televisor. Quienes visiten la isla en invierno deben traer ropa de abrigo, ya que hace frío y la calefacción no es muy efectiva. ✆ *Carretera General, Tejeda • Mapa C3 • 928 66 62 30 • No aceptan tarjetas de crédito • Sin aire acondicionado • Sin acceso para discapacitados • €*

10 Apartamentos Faro Sardina

Estos modernos, inmaculados y espaciosos apartamentos, situados junto al faro, el puerto y la playa de Sardina, tienen grandes terrazas con vistas al mar. Es imprescindible reservar con antelación. ✆ *Avda. Santiago Quevedo Megías • Mapa C1 • 626 29 71 01 • No aceptan tarjetas de crédito • Sin aire acondicionado • €*

Índice general

D

E

Q

R

S

Agradecimientos

L PAÍS-AGUILAR y DORLING INDERSLEY quieren dar las gracias a las guientes personas, cuya ayuda y olaboración han permitido la elaboración e esta guía.

utora
ucy Corne.

gradecimientos especiales a Héctor ánchez, David Bramwell y al encantador ersonal de las oficinas de información urística de la isla, en especial las de eror y Gáldar. Gracias también a nuchos empleados hoteleros y a los abitantes de los pueblos demasiado equeños para tener reseña propia en a guía.

Jna mención especial para Juana Rosa Alemán, del Patronato de Turismo de Gran Canaria, por su inestimable ayuda.

roducido por DP Services, división de DUNCAN PETERSEN PUBLISHING LTD, 31 Ceylon Toad, London W14 0PY

irector editorial Chris Barstow
iseño Ian Midson
úsqueda de imágenes Lily Sellar
omprobación de datos Aday Tejedor Betancor

otógrafo principal Antony Souter
otografía adicional Linda Whitman, Kim Sayer, Pawel Wojcik

lustraciones Chapel Design & Marketing

Cartografía ohn Plumer (JP Map Graphics Ltd)

Permisos cartográficos
Mapa de Gran Canaria tomado del Patronato de Turismo de Gran Canaria, www.grancanaria.com.
Mapa de Las Palmas: Distrimapas, Spain.

Permisos fotográficos
a-arriba; b-abajo/inferior; c-centro; f-alejado; l-izquierda; r-derecha; t-arriba.

Los editores quieren agradecer a las siguientes personas, instituciones, empresas y agencias fotográficas su amabilidad al conceder los permisos necesarios para reproducir las fotografías incluidas en esta guía. Si en esta edición se ha omitido a alguno de ellos por error, se subsanará en la siguiente.

AISA ARCHIVO ICONOGRÁFICO: 34c.

ALAMY IMAGES: fotografías de Alan Dawson 30cab; Cris Haigh 30cab. AQUA OCEAN CLUB: 98tr.

ARCHIVO DE FOTOGRAFÍA HISTÓRICA DE LA FEDAC: 34a, 35ci, 35abd.

LAS BRUJAS: 70ad.

CASA DE GALICIA RESTAURANTE: 61cl.

CASA MUSEO DE COLÓN: 6c, 8ai, 8cab, 8ab, 9a, 9cd, 9abi, 58ad.

CASA MUSEO ANTONIO PADRÓN: 36ab.

EMPICS: 47d.

HOTEL RURAL LAS TIRAJANAS: 85tl.

JARDÍN BOTÁNICO CANARIO: 16ac, 16ad, 17abi, 17abd.

ORONOZ: 34ab.

PATRONATO DE TURISMO DE GRAN CANARIA: 2ai, 4-5c, 6ciab, 7ai, 10ai, 18-19c, 19cd, 20-21c, 42ad, 44ci, 45a, 47ci, 51abd, 54ai, 54ad, 54c, 54ab, 55ci, 55ad, 55ad, 64ci, 77ci, 80c, 97d, 107ai.

TEATRO CUYS: 70tl.
TIENDA ARTESANIA CANARIA LAS PALMITAS: 56bl.
WWW.SPAIN-GRANCANARIA.COM (THE GRAN CANARIA HOLIDAY DESTINATION GUIDE): 102ad.

CUBIERTA
Delantera – **Dorling Kindersley:** Neville Walker bl; **Getty Images:** Michele Falzone main. Lomo – **Dorling Kindersley:** Pawel Wojcik b. Trasera – **Dorling Kindersley:** Tony Souter c, cr; Pawel Wojcik cl.

El resto de imágenes © Dorling Kindersley. Más información en www.dkimages.com

Notas de viaje

Lugares principales